中国文化
知识读本

ZHONGGUO WENHUA ZHISHI DUBEN

金开诚◎主编

祁慧琳◎编著

吉林出版集团有限责任公司
吉林文史出版社

福禄寿喜

图书在版编目（CIP）数据

福禄寿喜／祁慧琳编著. －－ 长春 ：
吉林出版集团有限责任公司,吉林文史出版社，2009.12（2018.1重印）
（中国文化知识读本）
ISBN 978－7－5463－1702－1

Ⅰ.①福… Ⅱ.①祁… Ⅲ.①风俗习惯－简介－中国 Ⅳ.
①K892

中国版本图书馆CIP数据核字(2009)第236873号

福禄寿喜

FULUSHOUXI

主编／ 金开诚 编著／祁慧琳

项目负责／崔博华 责任编辑／崔博华 曹恒

责任校对／袁一鸣 装帧设计／曹恒

出版发行／吉林文史出版社 吉林出版集团有限责任公司

地址／长春市人民大街4646号 邮编／130021

电话／0431－86037503 传真／0431－86037589

印刷／北京龙跃印务有限公司

版次／ 2010年1月第1版 2018年1月第19次印刷

开本／ 650mm×960mm 1/16

印张／8 字数／ 30千

书号／ ISBN 978－7－5463－1702－1

定价／ 34.80元

《中国文化知识读本》编委会

主　任　胡宪武

副主任　马　竞　周殿富　孙鹤娟　董维仁

编　委（按姓氏笔画排列）

于春海　王汝梅　吕庆业　刘　野　李立厚

邴　正　张文东　张晶昱　陈少志　范中华

郑　毅　徐　潜　曹　恒　曹保明　崔　为

崔博华　程舒炜

关于《中国文化知识读本》

　　文化是一种社会现象，是人类物质文明和精神文明有机融合的产物；同时又是一种历史现象，是社会的历史沉积。当今世界，随着经济全球化进程的加快，人们也越来越重视本民族的文化。我们只有加强对本民族文化的继承和创新，才能更好地弘扬民族精神，增强民族凝聚力。历史经验告诉我们，任何一个民族要想屹立于世界民族之林，必须具有自尊、自信、自强的民族意识。文化是维系一个民族生存和发展的强大动力。一个民族的存在依赖文化，文化的解体就是一个民族的消亡。

　　随着我国综合国力的日益强大，广大民众对重塑民族自尊心和自豪感的愿望日益迫切。作为民族大家庭中的一员，将源远流长、博大精深的中国文化继承并传播给广大群众，特别是青年一代，是我们出版人义不容辞的责任。

　　《中国文化知识读本》是由吉林出版集团有限责任公司和吉林文史出版社组织国内知名专家学者编写的一套旨在传播中华五千年优秀传统文化，提高全民文化修养的大型知识读本。该书在深入挖掘和整理中华优秀传统文化成果的同时，结合社会发展，注入了时代精神。书中优美生动的文字、简明通俗的语言、图文并茂的形式，把中国文化中的物态文化、制度文化、行为文化、精神文化等知识要点全面展示给读者。点点滴滴的文化知识仿佛颗颗繁星，组成了灿烂辉煌的中国文化的天穹。

　　希望本书能为弘扬中华五千年优秀传统文化、增强各民族团结、构建社会主义和谐社会尽一份绵薄之力，也坚信我们的中华民族一定能够早日实现伟大复兴！

【目录】

一 说福、论禄、议寿、谈喜

中国结艺是中国特有的民间手工编结艺术

福、禄、寿三星产生较早,早在先秦、汉即被比附为天上星宿。福星又称岁星,即九大行星之木星,职司"五福",具体内容诸书记载不一,涵盖了长寿、富贵、平安、吉祥、子孙众多等世俗福祉;禄星为文昌星之第六星,专司人间之仕宦禄命;寿星为二十八星宿之东方七宿的角,位列该星宿之首故名"寿"。此"三星"本为星辰崇拜之产物,后为道教所人神化,形成一种有机群体走入民间信仰,成为最受欢迎的俗神。喜神即吉神,出现时间相对较晚,是为满足人们趋吉避凶、追求喜乐的心理需求而产生的,是四神中唯一出自于民俗的神仙。

（一）说"福"

　　"福"是汉文化中寓意最美好的字眼，传诵着从古至今人们对一切美好事物的追求。正如《说文》中注："福者，备也，百顺之名也，无所不顺谓之备。"千百年来，"福"成为人们奋斗的目标，并赋予了多姿多彩的表现形式。在所有的汉文化吉祥用语中，福字的用途最多、包容最广、意义最重要，人们把一切美好都赋予了福。

　　古人认为，幸福乃上天和祖先所赐，故"福"字的造字也与此相关。"福"

"福"字倒过来贴，表示"幸福已到"

五福临门

字的左边是"示"旁，即表示祭坛或供桌之类，"畐"的初形是樽、瓤之类的酒器，也就是供品。原来的"畐"字下面有两只手，将"畐"中的酒倒在祭坛上，即以此祭祀上天祖先，祈求幸福。《尚书·洪范》云："五福：一曰寿，二曰富，三曰康宁，四曰攸好德，五曰考终命。"它的意思是长寿延年，富贵殷实，身体康宁，积德行善，自然命终。"富"是五福的内容，又与"福"近音，因而富贵殷实不仅是幸福的基础，也是幸福的内容。刘熙《释名》曰："福，富也。其中多品好富者也。"可见，生活的完备就是吉祥幸福。吉祥图形中的"富贵图"实际上也就是"福"图，只是表现形式

年年有"鱼"

更含蓄而已。中国民众认为幸福是物质和精神的丰富，是人与自然的和谐。福无所不在、无时不在，只要你用心体会就会感受到生活中处处都有福的身影。

（二）论"禄"

"禄"古时指官吏的俸禄、俸给，这在古时众多的书法作品中得到明证。"禄"字往往是官职名称的组成部分。功名利禄，既是从仕的必然所得，也是人们考取功名的追求。《说文》中说："禄，福也。"禄字也可解释为"福"，如同"五福"中的富，富贵殷实。古时，官吏的俸禄称为"禄米"，官职称为"禄位"。在中国古代，官位越高俸禄越丰厚，有厚禄

华丽的荷花灯饰

就意味着生活富裕有保障，故而有高官厚禄的说法。以禄为吉祥内容的图案如鲤鱼跃龙门、五子登科等，这些图案表达了古时人们希望改变自己命运过上富裕生活的期盼。

（三）议"寿"

"寿"者，久也。古代的文辞中，常常把"寿眉"两字连缀于一起，应该是得义于古稀老人面目上之长眉。正如《说文》中曰："幽风小雅，此言眉寿。""寿"代表长寿，即追求生命的无限，长生不老。"福如东海，寿比南山"的词句是古时人们心理的最佳反映。以长寿为幸福的观念在商代就有记载。《尚书·洪范》中云："六极：一曰凶短折，二曰疾，三曰忧，四曰贫，五曰恶，六曰弱。五福：一曰寿，二曰富，三曰康宁，四曰攸好德，五曰考终命。"古人的五福六祸中以寿为先。古时由于科学技术发展的局限性，人们的生存条件较差，因而生命短暂，所以无论是黄老之学的兴起，还是固气炼丹的荣衰，千百年来，世人用各自不同的方式尝试延续生命或羽化成仙，都表现了人们希望长生不老、青春永驻的美好愿望。在搜集"寿"字的过程中发现历朝历代各种书体的"寿"字数量，远远超过其

寿桃

他文字，尤其是在朝代更迭、战乱往复之时，"寿"字的大量出现更体现了人民大众对安定生活的渴望和对生命的热爱。这种对生命的追求，不仅体现在文字上，更大量出现在绘画、雕塑等艺术作品和其他民俗作品之中。

从古时的西王母到后来的麻姑，从千年前龟蛇到现在的仙鹤与果桃，"寿"的含义不断被延伸和美化，但无论"寿"字的表现形式和有关的思想如何变化，只有一点从未改变，那就是"仁者长寿""善者长寿"的观念。热爱他人、热爱生命，这或许才是"寿"字的真正意义，这也是华夏文明经久不衰的动力。

刻在岩石壁上的"寿"字

龙凤呈祥

（四）谈"喜"

"喜"者，乐也。古为五声八音之总名。西周时期铸的"井叔钟"铭文中，"喜"与"乐"连缀于一处。正如《说文》中曰："古音之喜乐无二字，亦无二音。"

秦在统一六国的同时，还统一了文字，汉代给予了巩固和发扬，使我们今天看到了两个"口"快乐的"喜"字，古人还创造性地开创了双喜字，把四个"口"组成一字，用来表达欢喜心境。古人说人生有四喜，即"久旱逢甘露，他乡遇故知，洞房花烛夜，金榜题名时"。"喜"字

大红喜字

在日常生活中运用很广，如女人怀孕称"有喜"，生孩子称"添喜"，此外还有"红白喜事"的说法，办丧事为白喜事，办喜事为红喜事。逢年过节是喜庆的日子，风调雨顺、五谷丰登也是喜事。对于这些关于"喜"的说法，可以说是人们对生活的一种理解、希望和祝福，是对美满生活愉悦情感的流露。

二 民间美术永恒的主题
——福禄寿喜

民俗文化是在人类社会长期发展的过程中形成的，是与居民生活密切相关的衣食住行、礼仪、信仰、风尚、娱乐等民间风俗习惯的总和，是经社会约定俗成并流行、传承的民间文化模式，是一种文化的积淀。民俗不仅是一种民间自我传承的文化事象，还是一个民族自由表达情感、展现独特精神风貌和世界观的一种行为方式。

民间美术作为物质化了的精神产品，是劳动人民审美理想的外化。民间美术不仅能给人带来精神上的审美享受，而且在百姓的现实生活中具有功能上的

中国结造型优美、色彩纷呈

实用性。庶民百姓和民间艺人在创作民间美术的过程中，对作品寄予了美好的愿望并赋予了真挚的情感。根据对大量的民俗资料和民间美术各种品类的分析，我们可以得出这样的结论：对美好人生的期盼和赞美是中国民间美术的永恒主题，也是民间美术观念的基本内涵。关于生命的含义非常丰富，包括理想、信仰、情感和行为等各个方面，表现在民间美术作品中，它带有明显的功利色彩，反映出庶民百姓对生命、生活、人的存在、人生的意义与价值的真实态度。

集市上买卖春联场景

民间美术永恒的主题——福禄寿喜

古树象征着长寿

我们可以将中国民间美术的吉祥观念概括为四种类型，即：其一，"福"——驱邪纳福、吉祥平安、富贵美满。其二，"禄"——功名利禄、招财进宝、连年有余。其三，"寿"——祈子延寿、瓜瓞绵绵、鹿鹤同春。其四，"喜"——欢天喜地、龙凤呈祥、莲生贵子。这四种类型的划分只能是相对的，因为吉祥观念这一主题的内涵是非常丰富的，所以各种类型之间的含义会因时间、地域、环境、条件的不同而具有包容性和适应性。各种类型样式的主题内涵也是相互联系和相互转借的，如："福"类型的纹样里包含着"禄""寿""喜"，前者通过后三者来具体体现

"福"的观念。总而言之,福、禄、寿、喜的共同内涵都是表达中国百姓对无限生命的祈求与希望,它们是中国人生命观的真实写照。

(一) 福

"福"乃是中国人生命主题观念中最为重要的理想境界。它要求生活吉祥如意、身体健康长寿、子孙众多、富贵无边、鬼怪不入、病瘟不侵、钱财遍地、连年有余。它是"禄""寿"和"喜"三种吉祥观念类型相结合的产物,也是人类社会生存与发展的必然要求与结果。

人类初始,先民们要同各种自然灾害、病瘟、害兽以及敌族的侵害进行艰

生动可爱的福娃抱鱼吉祥图案

苦的抗争，因此对平安生活、理想的祥瑞充满憧憬。然而，当时人的力量是很微小的，他们认为宇宙天地间神操纵着自然的一切，所以人们希望借助神的巨大威力，过上幸福安乐的生活。"神，引出万物者也"。只有神才能避除一切灾难，给民间百姓带来幸福和吉祥。因此，人们为自己创造了各种各样的保护"神"，以期为百姓避邪、驱魔、纳福。这些福神包括：驱鬼除妖的门神神荼、郁垒，赵公元帅、燃灯道人以及秦琼、敬德，"上天言好事、回宫降吉祥"的灶王神，捉鬼降妖的钟馗，镇宅的雄狮，护家的艾虎，克除病毒的"五毒"(蛇、壁虎、蟾蜍、蜘蛛、蝎子)等

门神画

"鱼跃龙门"年画

　等,这些都表现了"福"的驱邪禳灾的含义。"福"的另一层含义是招祥纳福,这一类型的纹样有:天官赐福、吉庆有余、四季平安、三阳开泰、鱼跃龙门、蛇盘兔等。此外,在民俗文化的不断积淀与发展变化中,人们对"福"的理解更加深

中国结表达了人们对美好生活的向往和祈盼

刻，后来的"福"含有"五福"之意，包括"寿、富、贵、安乐、子孙众多"，所以，"福"又是包含有寿、禄(富贵)、喜(安乐、子孙众多)多含义的吉祥观念。这种观念在百姓心目中逐渐演化为"福、禄、寿"三位一体的吉祥观念，并随之形成百姓理想中的三位神仙，称作"福、禄、寿"三星或三神、三仙。在传统的民间吉祥图案、民间剪纸和民间年画中表现"福、禄、寿"三仙的题材比比皆是，不一而足，可以看出中国人在生命意识里，福、禄、寿是他们的理想境界。

(二)禄

在民间美术中，表现"禄"这一吉祥

观念的题材十分丰富，它反映了民间百姓生命意识的另一方面，即在获得吉祥、幸福、美满生活的同时还渴望丰厚的财富，锦衣玉食的生活是百姓生命理想中重要的组成部分。

在古代中国，劳动百姓拼命劳作，希望能够衣食无忧，他们梦想能过上富足美满的生活，这种梦想使他们对钱财和富贵的渴望达到了无以复加的程度，因为对财富的渴求是他们现实生活中重要的人生理想之一，所以人们将对发财生钱的想象力在民间美术作品中发挥得淋漓尽致。民间美术作品中的"堆金积玉""聚宝盆"和"摇钱树"等纹样体

从童子的笑脸上仿佛可以看到人们对生活的满足之感

现的是关于"福""禄"的吉祥观念，是民间百姓的一种美好愿望，而绝非对现实生活的描绘。我们在这些民间美术中所看到的是劳动人民的欢乐与达观，天真与自信，这是一种纯粹精神上的心理满足。

（三）寿

"寿"为"五福"之首（五福为寿、富、贵、安乐、子孙众多），足以看出延年长寿在中国人的生命观中的地位与意义。

在民间美术中表现延年益寿主题的题材有："鹿鹤同春""五蝠捧寿""麻姑献寿""八仙祝寿"等等，这些题材在内容上多是一些神话传说、吉祥动、植物、吉利器皿和文字等的相互组合，在表现形式上利用联想、象征喻意、谐音转意等手法来传达庶民百姓对生命无限延续的理想与愿望。"寿星"又称"南极老人星"，主司人间百姓寿命之长短。据《史记》记载，秦朝就建有"寿星祠"来奉祀南极老人星，"老人见，则天下理安"。我们现在无论是在民间年画、剪纸、刺绣，还是在祠庙里的塑像上见到的寿星都是笑态可掬、鹤发童颜，一手举着寿桃，一手拄着长拐杖的老翁。与"寿星"为伴的是鹿与鹤。鹿不仅是生命的象征而且是长寿的象征，东晋葛洪的《抱朴子》写道："鹿寿千岁，满五百岁则其色白。"鹤

寿星图

为报春的"候鸟",春分来,秋分去。它同鹿一样,在民间文化中也象征长寿,《淮南子·说林训》:"鹤寿千岁,以极其游。"把鹤当做长寿的仙禽,称其为"仙鹤"。由此,寿星与神鹿和仙鹤一起构成了《鹿鹤同春》的吉祥图画。

俗谚道:"人上寿百岁,中寿八十,下寿六十。"人们希望自己能活至上寿,上上寿,以图长生不老,于是便有了成"仙"的愿望。仙是人而不同于人,属神而非同于神。仙不同于人,因为他脱离了生老病死之苦;不同于神,因为他享有无穷的快乐,又不必承担神所担负的职守,自由自在、无羁无绊。因此,成"仙"就成为人们渴望摆脱世间的烦恼,追求长生不死,自由享乐的长寿目标。

在民间美术中借助于动、植物的谐音或其本身特性来喻意、象征长寿观念的还有猫、蝶、龟等,因猫蝶与耄耋谐音,八九十岁为之"耄",七八十岁称之"耋","耄耋之年"即为长寿之意。所以,民间艺人常把猫、蝴蝶同牡丹画在一起,意为"耄耋富贵",以表达对人长寿富贵的祝愿。

龟在民间文化中与麟、凤、龙合称为"四灵",被视为神灵、长寿的神物。《史记·

木刻工艺品"鹿鹤同春"

如意童子送福年画

龟策列传》曰："龟千岁乃满二寸……"
"江傍家人常畜龟饮食之，以为能导引
致气，有益于助衰养老。"因龟之神灵、
长寿、益身，虽其貌不雅，也成为延年益
寿的象征，龟背纹常在民间吉祥图案纹
样中出现。

（四）喜

"福禄寿"三神怀抱童子或童子相
随其中的民间年画中有"子"即儿童形
象的参与，这便是"喜"观念在"福、禄、
寿"中的渗透。福、禄、寿、喜是相互指代
的吉祥观念和相互包容的吉祥形象，童
子形象即"子"的意义与"喜"的观念相
结合的产物。得子既是人生大喜也是人

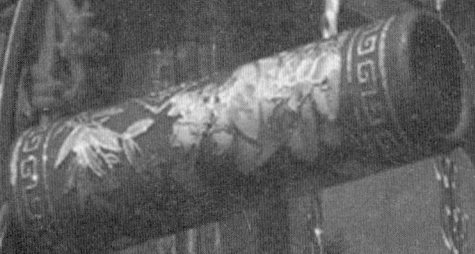

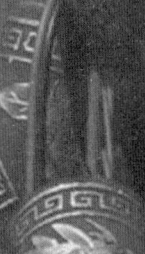

生大福，它既是新生命的开始，也是子孙后代生命的延续(寿)，在中国的封建社会中，子同时也是官位、财产的继承者(禄)。我们会从"福、禄、寿、喜"的变化与统一中发现在中国民间艺术众多的吉祥题材中反复表达的都是中国人对人生理想的极度渴望，世代赞颂的都是企盼子孙万代永世昌盛的生命之歌。

"喜"在中国民间艺术中表现的不仅仅是久旱逢甘露之喜，他乡遇故知之喜，金榜题名之喜，更重要的是表现洞房花烛之喜。中国人传统之"喜"是以情恋、婚嫁、交合与生育等生命繁衍为主要内容，以祈子求生求福为主要目的的百年好合、幸福祥瑞、多子多福和五世同昌之喜。大量的民间美术纹样不厌其烦地表现了这一生命主题，如《鱼戏莲》《凤凰戏牡丹》《鸳鸯卧莲》《龙凤呈祥》《欢天喜地》《伏羲女娲》《麒麟送子》《蝴蝶扑金菊》《榴开百子》《莲生贵子》《蝴蝶引子》《葫芦生子》等。我们常常会在民间美术作品中看到成偶数对应关系的造型纹样，如"鱼戏莲""蛇盘兔""蝴蝶扑金瓜""凤凰戏牡丹"等，它们是民间艺人运用象征、联想、通感、喻意的手法对阴阳相合、生命相生的理念反映与

喜烛

鱼戏莲

形象创造：鱼为阳喻男，莲为阴喻女，鱼莲相戏，象征男女之爱；蛇为阳喻男，兔为阴喻女，民谚道："蛇盘兔，年年富"，意味着男属蛇与女属兔相婚配必定吉祥富贵。此外，以阴阳对应形象，用隐喻的手法表现男女交合的题材还有"狮子（阳）滚绣球（阴）""猴子（阳）吃桃（阴）""鸡（阳）戏蟾（阴）""刘海（阳）戏金蟾（阴）""鸳鸯（阳）绕莲（阴）""蝴蝶（阳）扑金瓜（阴）"等等。

三　福禄寿喜吉祥观念在生活中的表现形式

在中国传统民间艺术中，剪纸是流传最广的一种形式

（一）民间剪纸

剪纸作为一种民间艺术，它在民间发生、发展以及传承，积淀了深厚的民俗文化。在中国传统民间艺术中，剪纸是流传最广泛的一种传统民间艺术形式。它朴实无华、表现夸张，以独特的装饰性、趣味性装饰着居室环境，美化着生活，用一种亲切、通俗、美观的艺术表现形式抒发着人民的真实情感。我国的剪纸历史渊源久远，起源于古人祭祖祈神的活动，根植于博大精深的中国传统文化之中。两千年的发展史使它浓缩了中华文化的传统观念，也传承着古老民族的人文精神与思想脉搏。

中华民族非常崇尚吉利祥瑞的说法，很久以前，我们的祖先就已经有了追求"五福"避讳"六极"的民俗。《尚书·洪范》记载"五福"说："一曰寿，二曰富，三曰康宁，四曰攸（遵行）好德，五曰考终命（年老善终）。"后来汉朝桓谭写过一篇《新论》，对于"五福"又有了一点局部修正，书中指出："五福：寿、富、贵、安

"喜"字剪纸

乐、子孙众多。"后来，人们在原有"五福"的基础上进行修改调整，又把"五福"定为：长寿、富贵、健康、好善、名誉。由于民间剪纸最接近人民的生活，同时又有以反映人民生活、愿望为主题的，又有劳动人民直接参与的，所以人们对多福、多禄、多寿、多喜的美好期盼都淋漓尽致地体现在剪纸中。

以禳灾纳吉为主题的福禄寿喜吉祥观念的剪纸，来源于民众对幸福美好生活的渴望和追求。诸如婚丧嫁娶、生子继嗣、升官发财、延年益寿等人生大事，人们都要通过剪纸这种艺术手段，以真诚、自由和无尽的想象来表达他们对生活的

热爱和渴望。"福禄寿喜"观念在剪纸中的体现正是这种希望和理想的艺术载体,其本质就在于传达这种吉利祥瑞的理想和意愿。因此,福禄寿喜图形装饰在剪纸中运用得十分广泛,成为民众喜闻乐见的传统题材。中国古代的装饰图案部分是"图必有意,意必吉祥"的,剪纸艺术有的是抽象意念的具象化,有的是具象事物的抽象化,常用谐音、寓意、象征手法来表达民众的审美理想。

1.谐音取意

"谐音"主要是在语音的发声过程中有相近或相同音调。剪纸中吉祥图形中谐音的表现手法,主要是以生活原型事物的语音去谐音类比被表现事物的语音，进而达到从要表达的本意上表现事物的目的。例如剪五只蝙蝠围绕着"寿"字的图纹，表示"五福捧寿"；把鹿(鹿谐音"禄")和蝙蝠剪在一起则表示"福禄双全"；剪牡丹丛中猫捉蝴蝶(猫谐音"耄"，蝶谐音"耋")表示"长寿富贵"；剪喜鹊站在梅(梅谐音"眉")树梢上的图纹，表示"喜上眉梢"等。

2.借物寓意

"喻意"是借助其他事物以寄托或隐含本意，其目的是假托某种自然物或自然事象，来昭示、寄托要表达的意念，使人们在观察、揣摩中假借事象表达事理

《五福捧寿》剪纸作品

人们常将想要表达的意愿寄托于外物

的结果。福禄寿喜所表征的除了借助事
物、事象的外部来表达某种意愿，还包
括诸如以民间神话、传说、典故、故事、
戏文等事象内部的事理来表达某种涵

义。例如，在民间剪纸中龙与凤的结合，表示对新人的祝福即龙凤呈祥；而在表达延年益寿的主题时，借物寓意多用老寿星、寿桃、仙鹤、松树的图纹。

3.象征表意

象征是以具体事物本身所显现的性质、形态特征、色彩或生态习性，联想到某种与感性事物相似或相近的抽象涵义，表示某种特殊的意义，从而附加了许多人格化的意愿。例如，在民间剪纸中象征长寿的吉祥物颇多，诸如寿可千年的龟鹤，万古长青的松柏，食之延年的灵芝、仙桃等。表现喜庆象征物的有喜鹊和喜珠，此外合欢、獾、荷花等都代表喜庆。

民间剪纸寄予了人们对美好生活的良好祝愿

　　我国幅员辽阔、民族众多，各地风土人情、行为信仰不同，因而形成了丰富多彩的民间剪纸艺术风格。大体而言，东部地区因经济发达、交通便利、文化交流便捷及受文人艺术影响较多，所以该地区剪纸形成了内蕴深邃、隽永挺秀的风格。西北的民间剪纸，因古文化的遗存较多，所以造型古朴、稚拙，强调意象造型而不受固定视角的约束，故作品充分体现出自由豪放的风格。西南地区地域偏僻的少数民族的民间剪纸，受民族神话传说的影响，形象独特、怪异多变。江南的民族剪纸以灯花和礼花为主，色彩艳丽、玲珑剔透、严谨工整，既

凤凰代表着吉祥,在剪纸和年画作品中较为常见

有极强的图案性又能按现实的时空比例去表现对象。无论是东部地区的剪纸,还是西北、西南、江南的剪纸,在不同的历史时期这些剪纸都是以吉祥为创作主题和表现内容的。这些主题或隐或显地表达了人们的精神观念和精神寄托。吉祥主题是始终贯穿其中的主要内容,民间剪纸中的福禄寿喜图案展现的并不仅仅是艺术审美形象本身,而是与劳动人民的精神要求和生活追求紧密结合的富有现实意义的艺术形象。

河北民间剪纸《如意三仙》中表现的吉祥观念:作品为一"吉祥如意"宝篮,中间的大"福"字点明主题,咫尺宝篮分为两个部分,上部为天,下部为地,"天"上福、禄、寿三仙飘然降至宝篮之中,福星居中,身着天袍(福星为天官),手执如意,为民招祥纳福。禄星居左,一身员外郎打扮,头戴官帽,帽上还插一朵富贵牡丹花,怀中抱一婴儿,禄星能给人带来富贵之运。寿星在右,又称"南极老人星",是长寿不老的象征,寿星形象憨态可掬,硕大的额头如三千年之仙桃,鹤发长须童颜,左手执龙杖,龙杖上悬挂一酒葫芦(可见仙人之悠然自在),右手捧一长寿之桃,喻意长生不老。但见天界云端,三位仙人顺着日、月发出的耀眼光芒、乘紫气,脚踏祥云向民众走来,每到一处,天上蝙蝠(福)云游,脚下元宝(钱、财)遍地,就连那宝篮的把手都是由铜钱串成的,这还不够,且看如意宝篮两侧各挂一条肥硕的鲤鱼,意味着财宝无尽、年年有余(鱼)。

在山东高密民间剪纸中,流传着一套四种福、禄、寿、喜纹样的十二生肖,剪纸的创作者把其中的"禄"字形象地剪成铜钱纹样,这显然是从"招祥纳福"吉祥观念中演化而来的,它在民间美术生命主旋律中带有明显的功利色彩,它追求生活财产的富足和积累,对功名利

高密剪纸作品

福禄寿喜吉祥观念在生活中的表现形式

禄、官居高位、门第显贵等的期盼和向往，显示了百姓对富裕生活的强烈渴求和直接愿望。此类型的纹样有：招财进宝、黄金万两、摇钱树、开市大吉、五路进财、聚宝盆、刘海戏金蟾、加官进禄、封侯挂印、金玉满堂、长命富贵、荣华富贵、状元及第等等。

陕西安塞的《鹿鹤同春》民间剪纸有着深厚的文化底蕴和独特的艺术魅力。在艺术表现手法上，其主题鲜明、造型古朴、刀法自然、形象突出。从动物的姿态与神情中，从花的旺盛与姿态中，从黑白

《鹿鹤同春》剪纸

莲笙（连生）贵子图

分明、阴阳交织的剪法中，我们分明能从中感受到春天的气息扑面而来。

在婚庆的各种喜庆装饰纹样中，有一种叫"坐帐花"的喜花《莲生贵子》，它是人们对新人的祝福，正如陕北民谣所说："石榴赛牡丹，赛上一铺团，脚踩莲花手提笙，新娘一定生贵人。"同一题材的另一幅"坐帐花"则把莲生贵子与自然四季的花卉结合起来，表现出生命的无限生机：娃娃端坐于莲花之上，双手举起手拿笙（谐音生）的童子，喜蜘蛛附在童子身上，意味着"喜从天降"，周围是代表四季的牡丹（春）、莲花（夏）、菊花（秋）、梅花（冬），如意鱼游弋于娃娃

吉祥剪纸

两边，表明"四季如意"，同时也喻意着生娃娃四季咸宜、生命常青。蛙与石榴都是多子的符号，象征着"多子多福"。

《喜开莲门》中莲花象征女阴，它是如此地纯洁与美丽，它是生命之门，我们看到一个男娃迷蒙中睁开双眼，因头大而腿细，使人感到男娃像刚学会站立的婴儿颤微微地站立起来，双手推开两叶圣洁展放的莲花瓣，仿佛打开了通向新世界的生命之门。民间剪纸《莲花生子》表现的正是这一瞬间的情景和壮观的图画。在歌颂生命、赞美母性的神圣与伟大时，民间美术的创造者和使用者放情大胆地以艺术夸张的手法去表现

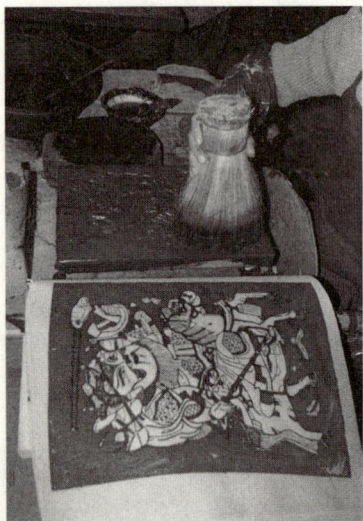

朱仙镇木版年画

人体中被认为最为隐秘的部位，赋予它以美感与圣洁，使我们感受到人与自然的交融与和谐，生与美的统一和共存。年轻人在欣赏这美丽图画的同时，也潜移默化地受到艺术与科学的教化，而这种教化功能又是纯艺术作品和宣教挂图都无法达到的。

（二）民间年画

如果说在远古的岩画或石刻创作中，吉祥图以图腾的形式出现，那么，此后商周的青铜器，春秋战国的铜镜，秦汉的画像石、画像砖、瓦当，南北朝石窟壁画，隋唐的石雕，宋代陶瓷、织锦，元代的花鸟画，明清的织绣、瓷器上的吉祥图，

龙形彩灯

开太平

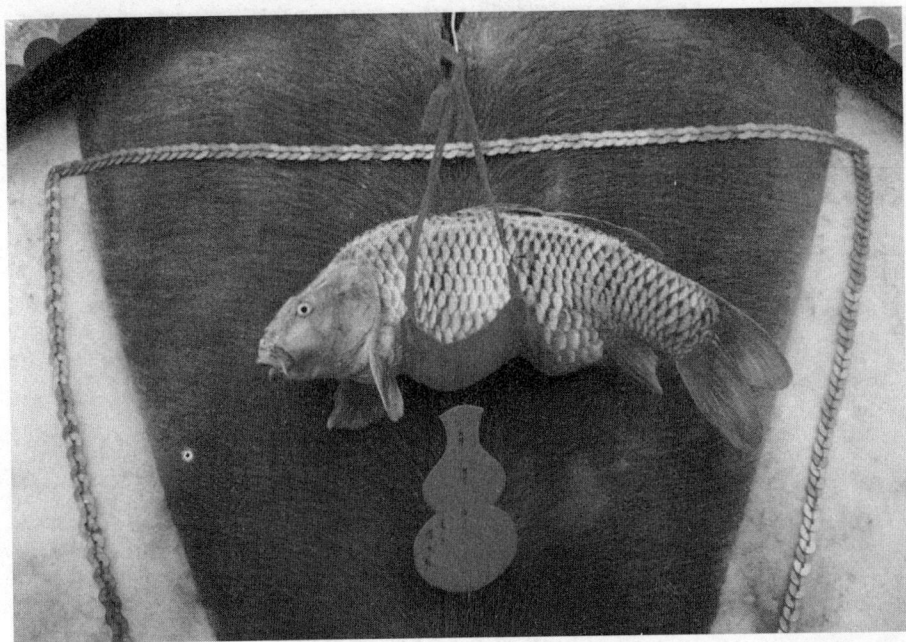

则是以装饰和艺术品形式出现的。早在殷周时期的玉雕及青铜器上,就出现了大量的"吉祥图案"或"寓意图案"。北京平谷、河南郑州等地出土的商代铜器上,常饰有首尾相接的鱼纹,反映出当时的人们已赋予鱼以"吉祥"寓意或"吉祥"象征,借"鱼腹多子"这一生物形态的现实存在,寄予人们祈求多子多福的美好愿望和憧憬。以后历代都有这种具有"吉祥"寓意的图像。其中较完整的具有"吉祥"图案的审美文化蕴意及其形式美表现特征的,是绘制于汉灵帝刘宏建宁四年(171年)的《五瑞图》。该图左为黄龙,右为白鹿,下左二树四枝"连

《招财进宝》年画

理",中一嘉禾,禾生九茎;又有一树,树下一人举盘"承露",乃中国现存最早的吉祥图案。秦汉时期,佛教传入中国,佛教中的因果报应、道教中的长生不老、儒教中的阴阳五行,三者有所融合,再加上神话传说,极大地丰富了吉祥图案的题材,并广泛地应用于建筑、雕塑和民俗艺术中,丰富的吉祥语言开始出现。例如,在汉代织锦上已经出现不少吉祥图案,有"万事如意"锦、"延年益寿大益子孙"锦等。此时传统吉祥图案中的福、禄、寿、喜图案逐渐开始形成。

年画艺术秉承了中华民族文化(如文学、戏曲、音乐、舞蹈、美术等)在创作上追求现实主义和浪漫主义高度完美统一的优良传统,赋予朴实无华的民间年画以无穷的魅力与巨大的艺术感染力。年画艺术始终扎根于平民大众之中,努力从世俗民风中挖掘丰富的素材,以表现民众的喜怒哀乐,讴歌传统美德……使广大民众从年画艺术的欣赏中获得美而有益的享受,从而喜爱年画,自觉地接受其传统民族文化内涵的熏陶。

年画的题材,与现实社会息息相关,它描绘了太平盛世人民安居乐业的生活,体现了热爱人民,关怀民众疾苦的一片深情;它细腻地刻画了岁时节

中国传统年画

福禄寿喜吉祥观念在生活中的表现形式

庆、婚丧嫁娶等平凡而又精彩热烈的世俗生活，为终年操劳的平民百姓享受短暂的年节欢乐增添光彩。年画画面上集文学之精华，借常物之祥意，倾吐衷情。它将"莲花、鱼、桃、蝙蝠、鹿、鹌鹑、菊、佛手、扇"等恰当地运用到年画中，由娃娃手中持有的器物，用谐音或比喻凑成年画题目，妙趣横生，令人赞叹，如：莲——连、鱼——余组成的《连年有余》，蝠——福、扇——善组成福善吉庆等。

福、禄、寿、喜等主题纹样及其象征符号为题材的民间艺术品，在民族艺术的历史长河中，构成了一幅鸿篇巨制。各种表现形式的作品无一例外地描绘了这

《年年有余》年画

一组合形象,并在发展过程中不断被拓
宽、丰富。

　　作为一种通过画面表达吉祥寓意
的特殊艺术样式,吉祥年画有着自己的
艺术特点,主要表现在以下几个方面:

1.具象映射抽象

　　吉祥年画表现的内容多是抽象的
观念,如福、寿等都是抽象的观念,但出
现在画面上的形象则是具体的,以蝙蝠
表示福,以桃子表示寿。这种表达有时
是单一的形象,有时是多种物象,如表
达寿,除了桃,还有仙鹤、松树等,其物
象丰富多彩。"夫恒物有种类,瑞物无
种",吉祥年画的选材几乎涉及自然界

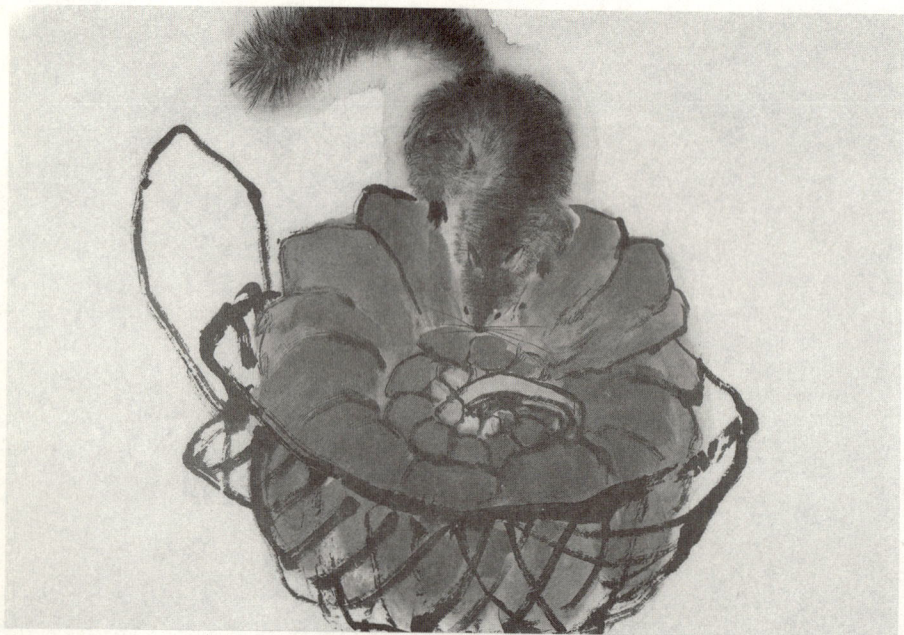

中国传统吉祥图

的所有门类。这些作为题材吉祥年画像的物象，都来源于中国传统吉祥物。

这种用具体的物象映射抽象的观念与中国传统的思维习惯有关。古人对其自然的属性和形体特征有着清楚的认识，将这些具体的形象用作吉祥年画表达观念时，更容易为人们所接受。要说的意思不直接表白，而是借助物象来曲折映射，这其实是一种诗意，说明了古人的思维充满了诗情画意。

2.象征是吉祥寓意的桥梁

吉祥图中"象征"是其基本特征。用象征手法表达思想情感比直截了当的语言更能表达出含蓄、细微以及耐人寻味的意蕴。吉祥图善于用具象物品来表达抽象概念，由具体的物象引申到抽象的观念，其间的桥梁是象征。与其他的美术样式不同的是，在传世的吉祥绘画中，其内容的寓意与形式的象征往往是统一的，因而象征是中国传统吉祥图的重要特点。

象征是一种委婉含蓄的表白方式，传统吉祥图案的美常常尽在不言中，这充分反映了中国人偏爱含蓄、不喜直露的习惯。在中国传统吉祥图案中，象征、暗喻是常用的手法，如用鸳鸯象征"恩爱夫妻"；画一条鱼，寓意年年有余，生活富足；一只悬丝垂荡的蜘蛛，蕴涵着

在中国传统吉祥图案中鸳鸯象征着恩爱夫妻

福禄寿喜吉祥观念在生活中的表现形式

"三多图"年画

喜事临门的祝福；五只嬉戏于窝边的小鸡，寄托了对子弟成才的祈盼；一对双栖双飞在梅花与竹枝间的绶带鸟，是对夫妇恩爱、白头偕老的赞颂等等，都是通过象征手法表达寓意。

吉祥年画中使用象征手法时，往往

经过人们的理想化处理,有的将其自然物性加以延伸,有的则与本来的自然物性完全不同,被赋予新的象征意义。有很多吉祥年画图案综合运用象征手法。综合手法的最大特点是可以赋予图案更丰富的含义,使作品成熟丰满。例如,"三多图"年画由石榴、桃、佛手组成,寓意多福(佛)多寿(桃)多男子(石榴,石榴子多),"三多"组合在一起,便成了人生幸福美好的象征。

喜鹊在民间寓意着将有喜事临门

3.谐音含蓄表意

吉祥年画以具象映射抽象时,采用谐音含蓄曲折表意,即物象的名称与观念词字同音不同。借助于同音字和谐音字所代表的自然事物,使之能够表达吉祥的寓意,这是吉祥年画最为常见的。自宋代开始,根据同音的发音创造了许多吉祥的成语和象征,而这时正是吉祥年画萌芽和兴起之时。

谐音曲折表意的方式源于中国吉祥物的生成方式,在中国吉祥物中,由于汉语的音同声的特点,许多吉祥物也是因其名与吉祥寓意音同或音近而生成。主要采取吉祥物的声韵,如蝙蝠之"蝠"与"福"谐音。在人们采用谐音寓意吉祥的年画中,有以单个的物象来表达

"喜上眉梢"年画

吉祥意义，也有采用两种以上的物象来构成一定的寓意，表达一种或多种的吉祥意义。如事事如意，就采用柿子、如意结合；一只鹌鹑与九片落叶组成"安居乐业"（鹌居落叶）；还有鱼谐音"余"，磬谐音"庆"，梅谐音"眉"，喜鹊代"喜"，花生代"生"等等。以上各例，可分别组成"吉庆有余""喜上眉梢""早生贵子"（枣、花生、桂圆、莲子）等吉祥图案。

4.形性意构成吉祥

取物之形的吉祥物如灵芝，形似如意，即以灵芝喻如意；取物之性的吉祥物如松竹梅，其性高洁，故誉为"岁寒三友"；取物之意的吉祥物如富贵花牡丹，

牡丹象征着富贵、吉祥

取其贵意为象征。

　　形性意构成的吉祥年画注重精气神韵，即精髓、气势、神采的生动、自然流畅的美感。"神似"胜于"形似"的审美观念就是其体现。构成吉祥物的东西看来都是平常之物，之所以成为吉祥物，主要是取其形性意的象征意义。

　　5.注重图像的大众性

　　吉祥年画是从吉祥图案的基础上发展而来的，其寓意与吉祥图案的寓意是相当的。吉祥年画创作时关注的不是创新，而是图像的大众性，即为大众喜闻乐见，他们追求表现隐藏造型形式中的象征意义，风格特点倒不是最重要的。注重图像的大众性，就要重视图案的趣味性和可视性，因此吉祥绘画大多生动活泼。

6.寓意的欢快吉庆

吉祥年画之所以深受人们的喜爱，首先在于它具有避邪、驱邪、祈求与祝贺的基本内涵，同时又寓意欢快吉庆、和谐祥和，给人以喜气洋洋的感觉。

7.理想浪漫的精神特征

吉祥年画大大拓展了艺术的自由空间，突破了自然的束缚，将分散于各处的美好事物集于一身，比如瑞兽麒麟就是多种动物的组合。理想浪漫是中国传统吉祥图案所具有的最普遍的精神特征。

"麒麟送子"年画

8.虚无空灵的想象空间

虚无空灵是道家思想在中国传统吉祥图案的最完美体现。画面注重含蓄自然、若有若无、若虚若实,给人留下广阔的想象空间。

古时人们有将年画馈赠亲友的习俗,如给老人祝寿送《寿比南山》《献寿图》;升官晋级送《指日高升》《平升三级》;店铺开张送《招财进宝》《恭喜发财》;外出谋差送《一帆风顺》《发财还家》;娶妻生子送《麒麟送子》《莲生贵子》;办丧事送《游园惊梦》;过年送《合家欢乐》《连年有余》等。从上述年画艺术的题材以及这些题材所产生的功能

杨柳青年画

来看,年画中的吉祥特征是非常明显的,它的艺术形象直观、通俗易懂,为民众所熟悉。因此,广大人民群众把它当做自己岁时节庆、世俗生活的精神食粮。民间艺人所创作的年画,与传真画像、寺庙壁画、石刻线等一样,均堪称我国民族绘画传统的正宗。年画上承古代"指鉴贤愚、发明治乱"之图画要旨，下传六法和线描人物之技艺；既继承和光大了传统的民间绘画，又形成了适合自身生存的艺术特色，因而能够经久不衰。

年画《天官赐福》表现的就是雍容福态的福神天官于正月十五这天来民间赐福，五个童子围绕其身，手中各持莲花（连锦）、元宝（财富）、牡丹（富贵）、如意（吉祥）、玉磬（庆祝）和长戟（吉庆）等吉祥宝物。因此每年的正月十五这天民间百姓都要以元宵、花灯及其他各种庆祝活动来迎接赐福的天官，以祈求幸福、吉祥生活的到来。

杨柳青年画

福禄寿喜吉祥观念在生活中的表现形式

作品《五福捧寿》表现的是民间年画中较为流行的题材，表达吉祥高寿的寓意，通常作为新年和庆寿会上晚辈送给长辈的贺礼。此画下方左右绘"和合二仙"，寿星的两边有仙鹤、玄鹿(道教中的长寿神物)相伴，高额童颜的老人右手执如意，左手捧仙桃端坐中央，肩后有童子(喜的象征)高举着系有宝葫芦的龙头拐杖，上方有五只蝙蝠(与"福"谐音)围绕寿星飞舞。画面汇集了众多吉祥美好的图形符号，并借助汉语文字的谐音关系，象征和寓意了福、禄、寿、喜的愿望。中华民族的星象信仰的历史非常悠久，在史

五福捧寿 (木雕)

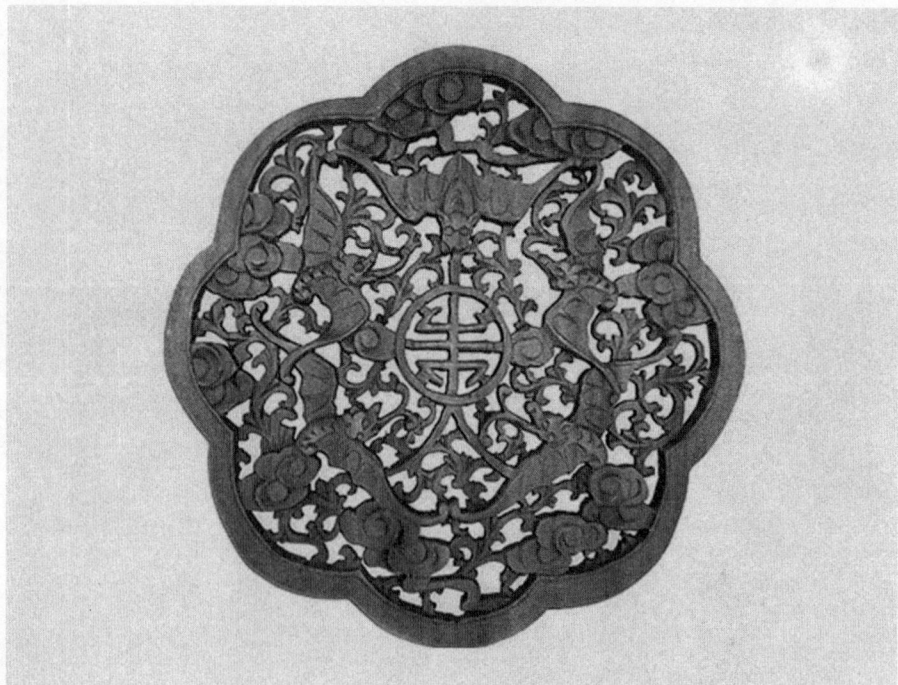

前时代和后来的汉代及魏晋时期,就有
了有关南极老人的故事流传。在明代前
后的戏剧及文学作品中,对寿星和祝寿
的内容已有了大量的描写,祝寿的习俗
在宫廷和民间结成为一种文化传统,汉
代以来宫廷推崇的尊老之孝道,寓意对
国运昌盛和江山永固的期盼。明清的民
间社会中对寿星形象的崇拜则更多的
寓意是对福寿安康、人事兴旺的祈求。

　　年画不仅能反映人们的美好愿望,
而且还具有启示人们弃恶扬善的教化
作用。年画《沈万山聚宝盆》就是描绘传
奇故事并体现行善以图好报的名作之

聚宝盆

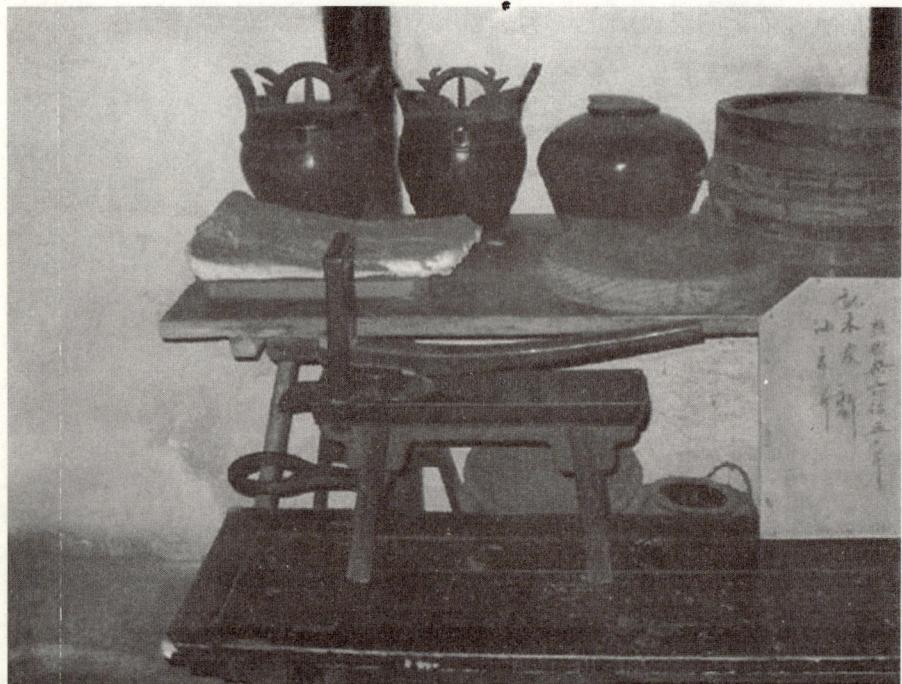

周庄沈万山故居一景

一。故事中的沈万山是明朝初年一贫民，传说他曾在夜里梦见百余名着青衣者向其求救，晨醒后遇渔夫捉百余只青蛙放归池塘。翌日，却见众多青蛙聚集一瓦盆中，沈氏遂将瓦盆带回家里，其妻洗手时不慎将一枚钱币掉入盆中，却见铜钱堆积满盆，惊异中又将金银财宝落入，结果依然，由此成就了富可敌国的沈家。通过放生行善而发财致富，当然只是一种美好的想象，意在劝诫人们应该多行善及宣传因果报应的思想。此年画的右方绘沈万山及夫人、丫鬟于案前，正观赏着画面左方的几位童子在聚宝盆内外取宝、玩耍,满地洒落着铜钱财宝,右前方及堂前的屏风上均有聚宝盆形象出现。

年画中有许多表现儿童娃娃的作品,他们因具有可爱的形象和吉祥的内涵而广受欢迎。作品《平升五福独占鳌头》便是其中之一。画家把这些物象和人物组合成为有生活情趣和情节性的画面,使之自然而合理。背景和前景中绘有古代冰裂纹花瓶,右下方有一笙管和一石榴(象征多子),上方有蝙蝠在环绕,两个童子正各自挥扇或抱瓶玩耍,上端有"平升五福"的隶书;右画背景中的几案上同样有淮南国和花草的陈设,右下方有一龙形的鳌头四轮小车,两个

可爱的福娃童子

福禄寿喜吉祥观念在生活中的表现形式

玩耍的童子，一个拉车奔跑，一个则高举毛笔，单足立于小车之上，寓意科举高中，上端印有"独占鳌头"的字样。两幅对联式的画面描绘的四位童子和花瓶、蝙蝠、笙管、鳌头小车，是为了取它们的谐音，寓意平安、福运、高升、中举和得福。

年画《瓜蝶富贵》描绘两个可爱的童子，各居左右两扇门，他们耳大垂肩（民间谓有福相）、穿着华贵、稚气可人，是百姓心目中理想的儿童形象。两个娃娃，一个右手持美丽的蝴蝶，立于南瓜之旁；另一个左手提着硕大的蝙蝠，站在桂花旁边。他们依门相对，舞之蹈之，十分快乐，此图通过瓜（多子）、蝶（谐音耋，多子）、

"瓜蝶富贵"年画

"招财进宝"年画

蝙蝠（福）、桂花（贵）来表现瓜瓞绵绵、多子富贵，同时也反映出"福"这一主题的多义性。

《招财进宝》是"禄"吉祥主题的主要类型纹样，这类题材多是在春节、年节时张挂的年画或窗花。民间百姓为了获得白己理想境界中的金银财宝，想尽了各种"招财进宝"的招数：门院大开，将财神贴于大门两旁，恭敬地迎接金银元宝进家门。有时那金银元宝并非都能依财神的旨令落进自家的院中，所以财神老爷可能会委派仙童把元宝给你送至家中，只见两童子驾着一辆双轮手推车，一个在前面拉，一个在车后推，把闪烁着吉祥之光大如车斗的大元宝送到百姓家中，在送进财宝的途中，不但车上是财宝，车下也是元宝遍地，不由得让你看得心生欢喜。

同《招财进宝》一样，《摇钱树》也是表现庶民百姓渴求获得更多的金银元宝，过上富裕美满生活的吉祥年画，这些题材的年画在春节时期尤其受欢迎。最有代表性的摇钱树图样："摇钱树"上，"果"实累累，银钱成串，树下"聚宝盆"中，生财聚宝，吉光闪耀。只见家童们用

摇钱树

箍子拢,用簸箕收,装入麻袋里和高高的仓屯中,装满金钱的麻袋上写着"堆金积玉""发福生财"。老财主在树下手捧元宝、坐享其利。"摇钱树"正如树上坐在龙头上的童子所展示的一样,实乃"一本万利",因为这是"天龙"所赐。

民间年画《八仙庆寿》当推此"仙人"与"祝寿"类题材中的经典之作。画分三层:上层是老寿星悠然自在地盘腿坐居其中,右手捧着寿桃,左手拈着胡须,神态悠然自得。寿星两边是拿扇执事和前来祝寿的仙人、道士。上层是百姓心目中理想的天界,那里云飘雾绕、

"八仙庆寿"年画

老寿星像

吉光普照。中层中央是一桃形图案，上写大"寿"字，周围是"八仙"用的法器，称为"暗八仙"。"寿"字两边是天官和福神、禄神，他们来赐福祝寿。下层中间坐的是财神，两边是文官、武将，骡马双全。年画的两边分别排列的是"八仙"，他们踏着汹涌的东海波涛，面朝中央，从遥远的蓬莱仙岛渡海而来，为寿星庆寿。此图在艺术处理上最大的特点是在一张画中表现出四个空间关系，即上、中、下和左右两边，每一层都有自己的空间视点，却又都统一在一幅总的图画之中，使人感到每层之间互不孤立而又相互联系。两旁的八仙造型互不遮挡，各显其形，虽不曾画出大海,却使人感到大海的无限遥远。中间三层,由下而上,虽没有描绘天空,却令人觉得天空之无比高远。这便是中国民间美术在空间处理上的独特的艺术表现手法。

(三)民间吉祥图案

吉祥图案在吉祥文化中占有重要的地位。吉祥图案作为民众的艺术至今仍活跃在广大人民群众的日常生活中,可以说是无处不在。正如周星先生所指出的:"实际上,当前中国的印染、编织、刺绣、陶瓷、雕刻、建筑、装潢、广告、布景以及衣食住行等日常生活的各个方面,均有对吉祥图案的大量运用和再创

吉祥图案在百姓日常生活中十分常见

福禄寿喜吉祥观念在生活中的表现形式

067

作的社会实践存在。"它深刻地体现了民众的人生理想、心理观念和审美意趣，是民众幸福生活观和理想人生的一个缩影。乌丙安先生也指出，在相当多数中国人的日常生活里，像"龙凤呈祥"的被罩、"鸳鸯戏水"的门帘、"团花"锦簇的"唐装"、为孩子避邪的鞋帽装饰、为老者祝寿的镜匾卷轴……很多传统的吉祥图案依旧存活和延续在民众的现实生活之中，特别是较为集中地出现在人生仪礼、年节岁时和各种喜庆热闹的重要场合。可以说，吉祥图案既是古老的，又是年轻的；既是传统的，又是现代的。

吉祥图案种类繁多，是民众生存态

木制龙纹雕刻

度和真实生活的写照,当我们从不同的角度关注它时,就会得到不同的构成结果。吕品田先生在《中国民间美术观念》一书中,将吉祥的内容归纳为三类:即祈子延寿、纳福招财和驱邪禳灾。田自秉先生在《中国工艺美术史》里,将吉祥图案按主题划分为表现幸福者、表现美好者、表现喜庆者、表现丰足者、表现平安者、表现长寿者、表现多子者、表现学而优者、表现升官者和表现发财者十类。郑军在《中国民间吉祥图案》一书中,从题材的角度又将它分为祥禽瑞兽、花卉果木、人物神祇、文字符号四个类别。吉祥图案还可按照应用载体分

"龙凤呈祥"木雕

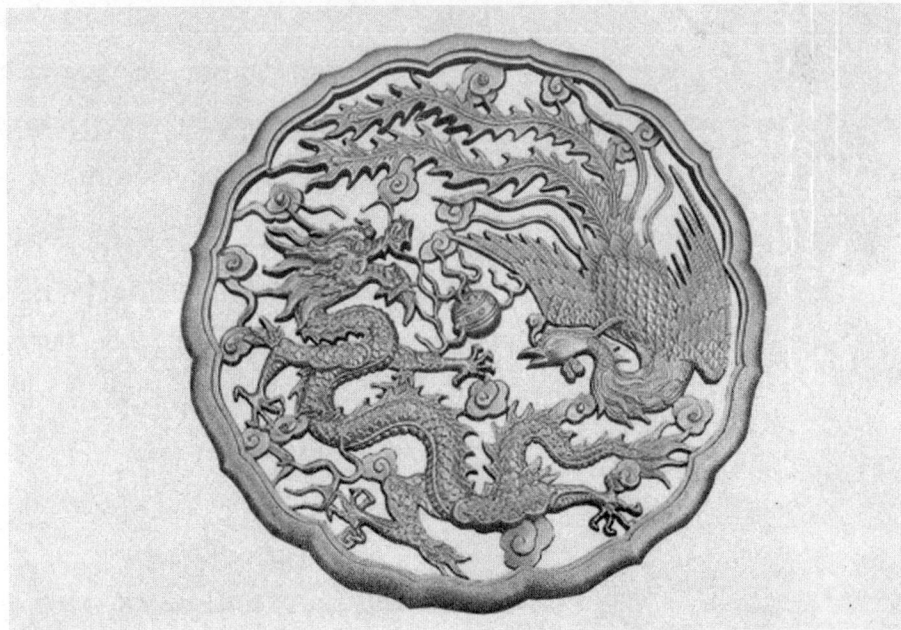

福禄寿喜吉祥观念在生活中的表现形式

"福"字荷包

类,有建筑装饰图案、家具图案、陶瓷图案、印染织绣图案、漆器图案、窗花图案等。

吉祥图案最突出的特征是意蕴丰富,这些丰富的意蕴背后隐喻着中华民众独特的文化思维观念。这种观念必须具有表达民众意愿的指称意义,能准确地反映民众社会生活并具有群体性意义。众多的吉祥图案,内容繁杂,如果按照吉祥的内涵和意蕴加以归纳,可用福、禄、寿、喜来概括。福禄寿喜财寄托了良好愿望,渲染了喜庆气氛。

1.福

福是百事皆吉的总称,也就是通常

所说的幸福，如"福气""福运""福分"等，它是人们极其向往的目标。人们总是希望幸福降临在自己身上或福临家门。于是，与"福"相关的传说、成语等应运而生，表达福气、福运、幸福的图案也随处可见。吉祥图案常用蝙蝠、佛手、如意、祥云等来表示福，并组成各种图案，如多福多寿、福如东海、五福和合、纳福迎祥、福星高照、平安五福自天来等。

(1) 福神与吉祥

在民间传说中，掌管幸福之神称为福神。关于福神的说法，有几种传说：一说指岁星，二说指天官，三说则为阳城。古代称木星为岁星，传说木星照临的地

"福"是中国人生命主题观念中最为重要的理想境界

福禄寿喜吉祥观念在生活中的表现形式

"天官赐福"年画

方有福。后来，福星逐渐被人格化后便成了福神。

天官作为福神，是由道教信仰演变而来的。而阳城福神，则是由历史人物演变而来的。据说中唐时期，皇帝偏好侏儒，常选道州矮人中相貌较好者为宫奴。当时阳城任道州刺史，因看不惯朝廷的这一做法，上表谏阻，后被贬为州民。最后郡民立祠绘像供奉他，人们逐渐把阳城奉为"福禄神"，以希冀他降福解厄。

天官的形象在历代年画中出现，称为"天官赐福"。其形象为头戴天官帽，项挂金锁，左手执如意，足蹬朝靴，慈眉善

目，五绺长髯飘洒胸前，一派喜颜悦色、雍容华贵之态。有的天官身边画一童子，手捧花瓶，瓶中插着牡丹、玉兰等，寓意"满堂富贵"。在农历新年之时，人们张贴这种年画，以求天官赐福，带来好运气。

(2) 福字与吉祥

中国人有春节贴春联的传统习俗，即在春节时，人们便在屋内外挂上"福"字，以前多是用墨汁写在大红纸上，贴在大门外的，称为"出门碰福"；贴在床头的，叫"全家幸福"；贴在粮仓上的，叫"满福"；贴在堂屋正面的，大都将"福"

字倒贴，叫"福到了"，以示吉祥。随着生活水平的不断提高，现在的"福"字多为镏金大字，红色的背地上衬着金色的福字，喜气洋洋，令人赏心悦目。民间的巧手艺人将一百种不同字体的福字组合在一起，组成或圆形或方形，称为"百福图"，深为民众所喜爱。另外，还有"福字灯""老福字"及"花鸟字体"等形式，多用于节日装饰、画稿、建筑、雕刻等处。

⑶蝙蝠与吉祥

蝙蝠是一种能飞翔的哺乳动物，形状似鼠，又名仙鼠、飞鼠，喜于夜间飞行，捕食蚊蚁等小昆虫。蝙蝠成为吉祥寓意，是因为"蝠"谐音"福"。在中国，福是最重

蝙蝠因谐音"福"而备受人们喜爱

蝙蝠象征着吉祥

要的吉祥寓意,因此蝙蝠在吉祥图案中大行其道,翩翩展示其吉祥寓意。

在很多诗词、故事、寓言、传说中,蝙蝠都是被描写的对象。因"蝠"与"福"谐音,人们以福表示福气,蝙蝠便成了好运与幸福的一种吉祥象征物。人们把蝙蝠形象加以变形,使它的形象美轮美奂、姿态万千。"福在眼前"的图案有时表现为钟馗挥剑,一只蝙蝠在眼前飞舞,有时表现为蝙蝠与一枚古钱放在一起,古钱是空方外圆,借空为眼,钱与前同音,亦称眼前是福,或表现为童子头上一只蝙蝠飞舞。这种吉祥图案不仅用于年画,还多见于圆雕动物件及玉牌

杨家埠年画

子。"福寿三多"即一蝙蝠、一桃、一石榴或莲子放在一起。《庄子·天地》尧观乎华，华封人曰："嘻，圣人。请祝圣人：使圣人寿。"尧曰："辞。""使圣人富。"尧曰："辞。""使圣人多男子。"封人曰："寿，富，多男子，人之所欲也。女独不欲，何邪？"尧曰："多男子则多惧，富则多事，寿则多辱。是三者，非所以养德也，故辞。"古人因以"三多"（多福多寿多男丁）为祝颂之词。石榴取其子多之意，莲子乃连生贵子之意。"引福归堂"表现的是钟馗右手持扇，上面书写"引福归堂"四字，左手挥剑，一只蝙蝠在眼前飞舞。与引福归堂类似的吉祥图案还有"福从天降"，描绘一娃娃伸手状，上有一飞蝠。以天空飞舞的蝙蝠即将落到手中，寓意为福从天降、福自天来、天赐洪福等。"福寿双全"为蝙蝠一、寿桃一、古钱二。有的还有一些其他吉祥品。这些图案都表示古代人心底里希望幸福、富有和长寿之意。或者两只蝙蝠，两个寿桃，也称为福寿双全。"福增贵子"中蝙蝠、桂花表达的是福增贵子的寓意。桂花的"桂"与"贵"同音，喻义"贵子"。旧时代，人们认为添子是"福"。生下男孩，邻里亲朋都前往祝贺，"福增贵子"便是此种用意的吉祥图案。"流云百福"

"如意童子送福"年画

是由云纹、蝙蝠组成的图案，云纹形似如意，表示绵延不断。流云百福即百福不断之意。"三多九如"图案中蝙蝠、寿桃、石榴表示福多、寿多、子多，如意表示九如。《诗经·小雅·天保》云："如山如阜，如冈如陵。如川之方至，以莫不增……如月之恒，如日之升。如南山之寿，不骞不崩，如

松柏之茂，无不尔或承。"诗中连用九个如字，有祝贺福寿延绵不绝之意。此图在玉件、玉牌中也多有出现。"福至心灵"是由蝙蝠、寿桃、灵芝组成的图案。桃为寿而其形似心，借灵芝之灵字，表示幸福的到来会使人变得更加聪明灵气。

　　表达福气的吉祥图案还有很多，如"牡丹""宝相花""四君子""如意纹""祥云纹""古玉纹""四艺纹""八吉祥""火纹""水纹""五毒纹""方胜纹""博古纹""阿福图""吞口纹""四灵图"等等。各种纹样组合起来表示福气的还有"平升双

线条流畅的吉祥图案

福""福缘善庆""翘盼福音""纳福迎祥"
"五福和合""福寿如意""万事如意""四
季平安""富贵万代""太平有象""百事大
吉""岁寒三友""三阳开泰""一团和气"
"万象更新""五谷丰登"等等。

　　2.禄

　　禄寓意高官厚禄,主要包括仕途、俸
禄、功名利禄、出人头地、荣华富贵等。读
书出仕、升官发财、封妻荫子、光宗耀祖
是旧时文人读书的一个重要动力。"禄"
在六书中属形声字,从示,录声,本义是
福气、福运。《说文解字》中解"禄,福也"。
《诗经·小雅·瞻彼洛矣》有"福禄如茨"。

《汉书》载"身宠而载高位,家温而食厚禄"。加官进禄不仅是旧时为官者朝思暮想的事情，也是家长望子成龙的心愿。吉祥图案中,有大量与"禄"相关的内容,如辈辈封侯、马上封侯、官上加官、加官晋爵、二甲传胪、连中三元、青云得路、鲤鱼跳龙门等等。

(1)禄神与吉祥

禄神源自禄星,《史记·天官书》说文昌宫的第六星专掌司禄之禄星。后来,禄星逐渐转化为禄神。古时候士人们寒窗苦读就是希望谋求官位,升官发财,因此也就不难理解人们为何如此崇拜禄神了。

禄神在风俗画、吉祥图案中十分流行，民间也备受欢迎。"加官进禄""马上封侯""平升三级"等吉祥词语就是很好的说明。

（2）鹿与吉祥

《诗经·小雅·鹿鸣》有："呦呦鹿鸣，食野之苹。我有嘉宾，鼓瑟吹笙。"大宴群臣宾客的诗篇，以鹿鸣起兴，表达了祥和之意。鹿具有美丽的外形和温驯的性格，被看做善灵之兽，可镇邪。鹿与"禄"谐音，象征着吉祥富裕，又象征着帝位，还象征着长寿。

鹿象征着吉祥、富裕。民间吉祥图案

鹿象征着吉祥、富裕

鹿具有美丽的外形和温驯的性格，被视为善灵之兽

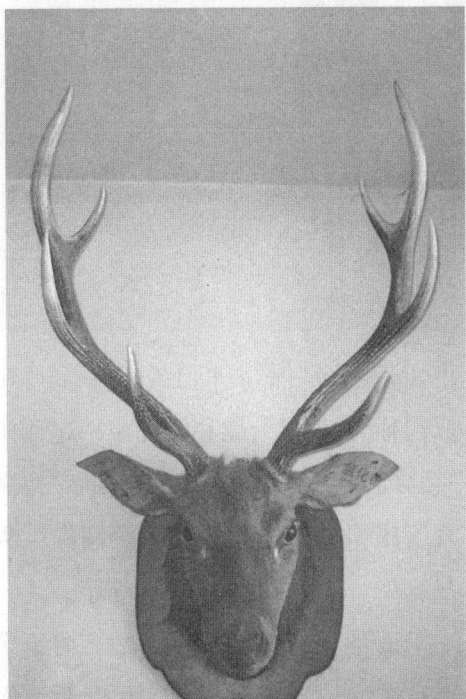

民间吉祥图案中，以"鹿"代"禄"由来已久

福禄寿喜吉祥观念在生活中的表现形式

青铜爵

中，以"鹿"代"禄"由来已久。一百只鹿在
一起称为"理禄"，鹿和蝙蝠在一起称作
"福禄双全"，鹿和福寿在一起表示"福禄
寿"，鹿和鹤在一起表示"六合同春"，两
只鹿在一起表示"路路顺利"等等。

正因为禄与爵位有关，古代青铜器
爵也成为吉祥物。爵为古代酒器，后演化

为礼器,盛行于商代和西周。《诗经·小雅·宾之初筵》:"酌彼康爵,以奏尔时。"《礼记·礼器》云:"宗庙之祭,贵者献以爵。"后世爵成为较高地位的象征,成为祝愿官运亨通、飞黄腾达的吉祥物。吉祥图案中,有一童子向天官献爵,称为"加官进爵"。

表示禄的吉祥图案还有很多,如"鲤鱼纹""五瑞图""八骏图""狮子纹""龙凤纹"等等。带有吉祥含义的还有"百鸟朝凤""凤戏牡丹""喜报三元""丹凤朝阳""一品当朝""一路连科""一甲一名""二甲传胪""冠带流芳""马上封

《百鸟朝凤》

福禄寿喜吉祥观念在生活中的表现形式

侯""红顶花翎""金榜题名""玉树临风"
"魁星点斗""海水江涯""五子登科""带
子上朝""旭日东升""平升三级""禄位高
升"等等。

3.寿

寿，意为高寿，长命百岁。长寿幸福，
是人们追求的目标。《诗经·天保》："如南
山之寿，不骞不崩；如松柏之茂，无不尔
或承。"是群臣祝福君主的诗篇。在《尚
书·洪范》中，寿为五福之首。

(1)寿星与吉祥

寿星，是汉族神灵崇拜之一，又名老
寿星、南极老人。《史记·天官书》"……曰
南极老人.老人见，治安；不见，兵起"。《宋

寿星画

史·吉礼注》："'秋分日,祭寿星于南郊。寿星,南极老人星也。'《尔雅》云:'寿星,角、亢也。'《注》云:'数起角、亢,列宿之长,故云寿星。'唐开元中,特置寿星坛,常以千秋节日祭老人星及角、亢七宿。请用祀灵星小祠礼,其坛亦如灵星坛制,筑于南郊,以秋分日祭之。"寿星不仅是长寿的象征,也是天下安泰象征。所以,人们顶礼叩拜,祭之以求延寿、幸福。清代翟灏撰《通俗编》云:"世俗画寿星像,头每甚长。"

古时民间的寿星有男女之分。男为南极仙翁像,女为麻姑献寿图。麻姑事迹,最早见于葛洪《神仙传·麻姑传》:

"麻姑是好女子，年十八九许……麻姑自说云：'接侍以来，已见东海三为桑田。向到蓬莱，水又浅于往者会时略半也，岂将复还为陵陆乎？'""已见东海三为桑田"句极言麻姑寿命之长。民间一说麻姑成为寿星是与王母娘娘寿诞有关。传说三月三日是王母娘娘诞辰日，届时举办蟠桃大会，各路神仙齐来祝寿，麻姑以灵芝所酿寿酒献给王母，由此被王母封为女寿仙。"麻姑献寿图"则完备地反映了这一传说内容：画中的麻姑貌美如花，作腾云驾雾状，双手托盘，盘盛美酒一壶，仙桃数枚；抑或肩荷一细竹枝，枝上挂一壶美酒，一童子背负一仙桃相伴左右。而现

王母娘娘像

在我们所见寿星画像，则是一位慈祥老翁。在各种吉祥画中，仙翁弯腰弓背，身量不高，慈眉悦目，笑逐颜开，白须飘逸，一手拄着龙头拐杖，一手托着仙桃，最突出的是有一个凸长的大脑门，身边还常常有一仙童相伴。有时他还骑在仙鹿上，集福禄寿于一身。

②仙鹤与吉祥

鹤在中国文化中占有重要的地位，它跟仙道和人的精神品格有着密切的关系。现实中的鹤外形像鹭，喙、翼、腿很长，能飞，羽毛白色或灰色，常活动于水际或沼泽地带，食各种小动物和植物。

仙鹤在中国文化中占有重要地位

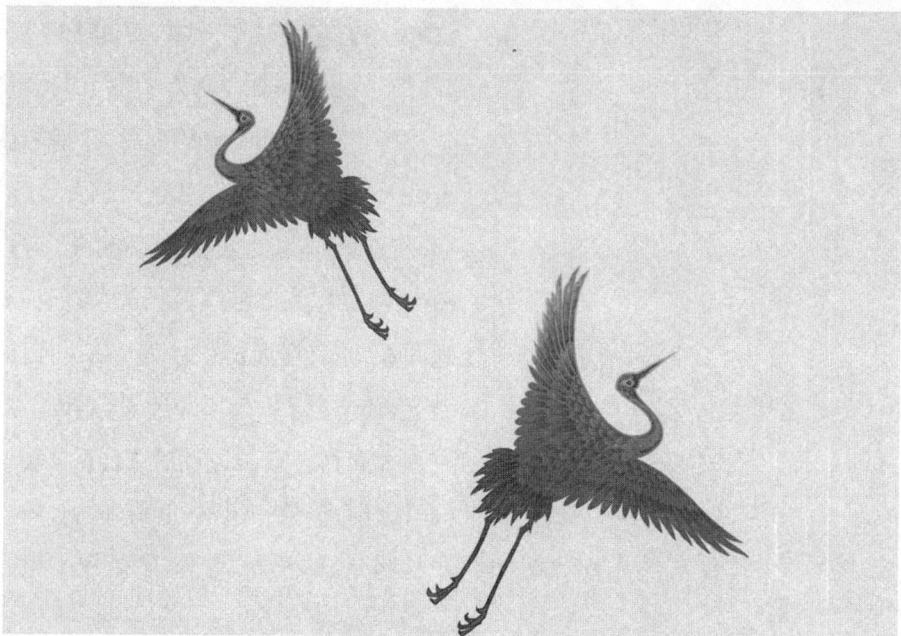

福禄寿喜吉祥观念在生活中的表现形式

091

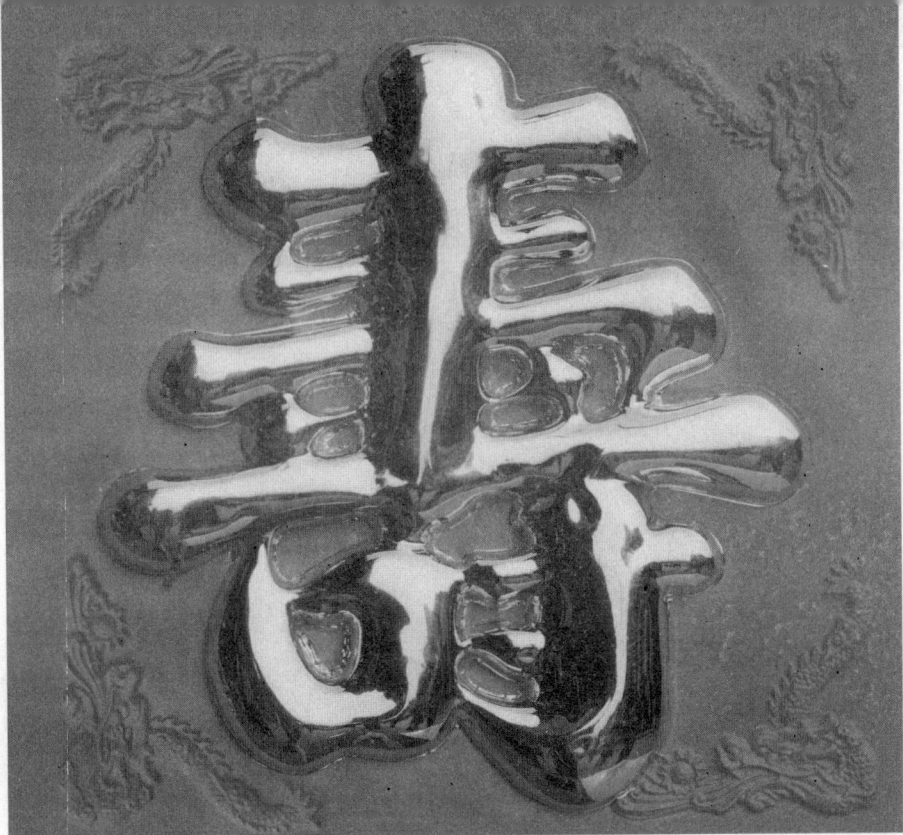

"寿"意为高寿、长命百岁

　　鹤象征长寿由来已久。《诗经·小雅·鹤鸣》中有："鹤鸣于九皋，声闻于野。"《淮南子·说林训》："鹤寿千岁，以极其游。"古人以鹤为长寿的仙禽，且多知往事。人们常用"鹤寿""鹤龄""鹤发童颜""松鹤延年"等祝人长寿，益寿延年。吉祥图案中，常以鹿鹤配以松柏常青之树，寓意同春，亦有富贵长寿之说。"鹤"与"合"谐音，鹿与鹤在一起，谐音为"六合"，故有六合同春之意。鹤常常与松、石、鹿、龟同时出现，龟鹤一起叫"龟鹤齐龄"，鹤立于松叫"松鹤长春"等等，都是祝寿贺吉之意。

据说食用灵芝可以长生不老

(3)灵芝与吉祥

古人以灵芝为瑞草、仙草。灵芝一年开花三次，故又称三秀。它与蘑菇相近，色深有光泽，传说食之能长生不老、起死回生，古代用来象征祥瑞。据传，上等灵芝为车马形，中等灵芝为人形，下等灵芝为六畜形，其中能得车马芝而食者可乘云驾雾。在吉祥图案中，常常把灵芝同兰花放在一起，比喻君子之交；也有画着一只鹿嘴里衔着灵芝的，表示为人祝寿。

(4)寿桃与吉祥

桃原产中国，具有中国的文化特

寿桃

色。在民俗、宗教、审美观念中都有其重要文脉。桃被普遍作为长寿的象征，称为寿桃。传说中有一种仙桃，食之可以长寿。这种仙桃三千年开花，三千年结果，三千年成熟，食一果可增寿六百年，桃树在西王母的花园里。当仙桃成熟时，西王母就邀请所有的神仙到她宫中举行蟠桃宴会。桃树为五木之精，能压伏邪气，所以鬼畏桃木。《山海经》："东海中有册焉，名曰度索，上有大桃树，屈蟠三千里。东北有门，名曰鬼门，万鬼所聚也。天帝使神人守之，一名神荼，一名郁垒，主阅领万鬼。若害人之鬼以苇索缚之，射以桃弧，投鬼食之。"《左传·昭公十二年》亦载："昔我先王熊绎，辟在荆山，筚路蓝缕，以处草莽。跋涉山林，以事天子。唯是桃弧棘矢，以共御王事。"说明桃木的功能从实用的弓弧逐渐变成了受人崇敬的神器。

祝寿的吉祥图案还有很多，如"水仙纹""竹纹""牡丹纹""蔓草纹""万年青""龟背纹""八卦纹""五岳图""蝉纹""葡萄纹""回纹""盘长纹""寿石纹"等等；在吉祥图案中，寿桃常常与其他事物一起共同表示吉祥寓意，如"天仙拱寿""代代寿仙""芝仙祝寿""群仙祝寿""春光长寿""寿山福海""万寿长春""贵寿无极""长生不老""寿桃舞鹤""富贵耄耋""五福同寿""满堂富贵""麻姑献寿""八仙祝寿"等等。

4.喜

"喜"在六书中属会意字，在甲骨文中，上面是"鼓"，下面是"口"，"鼓"表示欢乐，"口"表示发出笑声。"喜"的本义是快乐、高兴。喜事是一个很宽泛的概念，与吉祥美好相联系。人们常常把喜字与其他相关字连在一起组词，如"喜乐""恭喜""欢喜""喜气""喜庆""喜爱""喜兴""喜悦"等等。

宋代龟背纹花卉镜

狮子滚绣球

喜寓意喜庆、爱情、婚姻、友谊等，欢乐高兴、喜气洋洋是其基本表达。喜类型图案主要由喜鹊、喜蛛、獾、梅花、梧桐、狮子等组成。狮子常常出现在喜庆的图案中，逢年过节人们常会表演狮舞以驱邪添喜——图案内容一般为狮子滚绣球、太师少师等，现在这种"狮舞"在民间依然流行。

(1)喜神与吉祥

人们为了表达对欢乐喜庆的追求，便将这种情感寄托于造出的喜神身上，赋予这个形象情感和神圣的使命，期盼能够给人们带来欢喜快乐。开始时喜神没有具体形象，所在方位每年都在不断变换。在民间确定喜神的方位，人们的看法不一。有的人认为看喜鹊巢入口可以确定喜神的方位；还有百姓认为，公鸡叫的方向是喜神所在的方位。在民俗中，有以干支推演喜神方位的做法。清朝乾隆时，皇帝下令编撰了《协纪辨方书》以确定喜神方位，方法是："喜神于甲巳日居艮方，是在寅时；乙庚之日则居乾方，是在戌时；丙辛日则居坤方，是在申时；丁壬日则居离方，是在午时；戊日居巽方，是在辰时。"吉祥图案中喜神的形象是画一官人左手执节板，右手托带喜字的宝

盒,身边一童子肩扛写有"双喜临门"的伞盖,一派祥和和喜气洋洋的气氛。

(2)喜鹊与吉祥

喜鹊是一种代表喜事的鸟,它被视为喜庆的象征。崇拜喜鹊是中华民族的重要信仰之一。柯尔克孜族认为喜鹊是传递吉凶信息的神鸟;满族、赫哲族的萨满信仰中都有喜鹊的神化形象。满族称喜鹊神为"沙克沙恩都里",说此神是天神派到人间专司通报吉凶祸福的神,天神赐给他五千只喜鹊,供他打探消息,报喜除忧。他常与恶魔战斗、消除瘟疫、降伏风火,被供奉为喜神。

工艺品"喜鹊登梅"

文人墨客常在文学作品中描写喜鹊。北宋晏几道在《蝶恋花》中写道："喜鹊桥成催凤驾，天为欢迟，乞与初凉夜。乞巧双蛾加意画，玉钩斜傍西南挂"。金代王庭筠在《谒金门》中有"双喜鹊，几报归期浑错。尽做旧愁都忘却，新愁何处着？瘦雪一痕墙角，青子已妆残萼。不道枝头无可落，东风犹作恶"。诸公赋诗，韩驹子苍待制时为校书郎，赋诗二章曰："君王妙画出神机，弱羽争巢并占时。想见春风鸩鹊观，一双飞上万年枝。""舍人簪笔上蓬山，辇路春风从驾还。天上飞来两乌鹊，为传喜色到人间。"

在吉祥图案中，常常把喜鹊同其他

形象组成别有新意的图形。如两只喜鹊画在一起称为双喜；喜鹊与梧桐画在一起，表示同喜；"喜报三元"的图案是一只喜鹊啄米，三个孩童观看喜鹊；也有画喜鹊三、桂圆三或元宝三的。明代科举以殿试之前三名为三元，即状元、榜眼、探花；而科举制度的乡试、会试、殿试之第一名为解元、会元、状元，合称"三元"。三元是古代文人梦寐以求、升腾仕途之阶梯。喜鹊是报喜之吉鸟，用三个桂圆或三个元宝喻"三元"，寓意"连中三元"。"喜报三元"也称"三元及第"，这是对参加科举的人的吉利赠言或贺词，是表示一种希望和向往升腾的图案。与此图案寓意相近的还有喜鹊、莲、芦图案，表达一路连科和喜得连科寓意，祝贺连连取得应试好成绩。"喜上眉梢"表现的是梅花枝头站立一两只喜鹊。古人认为喜鹊能报喜，故称喜鹊。两只喜鹊为双喜之意。梅与眉同音，借喜鹊登在梅花枝头，寓意喜上眉梢、双喜临门、喜报春先。喜上眉梢、喜鹊登枝的图案品种还有很多，如两只鹊儿面对面叫"喜相逢"；一只獾和一只喜鹊在树上树下对望叫"欢天喜地"。流传最广的，则是鹊登梅枝报喜图，也称"喜上连连"

喜上眉梢

福禄寿喜吉祥观念在生活中的表现形式

"丹凤朝阳"剪纸

"喜上眉梢""喜上枝头"等。

表现喜气的吉祥图案还有很多,如"四喜图""喜上加喜""连生贵子""并蒂同心""喜从天降""喜气满堂""欢天喜地""龙凤呈祥""麒麟献瑞""双喜鸳鸯""彩蝶并飞""花好月圆""凤红牡丹""丹凤朝阳""鲤鱼红莲""百年好合""榴开百子""喜占春魁""葫芦生娃""和合二仙"等等。

最能概括反映中国人对福禄寿喜追求的民俗物品莫过于门笺。笺,亦称挂千、花纸等,是我国传统的住宅装饰物。关于门笺,民谣里有这样的描绘:"四四方方一块板,沥沥拉拉胡椒眼。上边写着万寿年,沥沥拉拉尽大钱。"四句话,将门笺的形状、繁密镂空的特征、内容作了高度的概括。门笺中心部位还有装饰,民间艺人称之为"堂子",主要内容有花鸟虫鱼、八仙、福禄寿三星等,有些高明的艺人会刻成"连钱""万字""回纹"等。在我国北方农村,每到新春佳节,家家户户除了贴年画、写春联,还要在大门、房门之上贴挂五颜六色的"门笺";商铺门口也要悬挂诸如"万寿长春""财喜临门""进财宝""宝聚财丰"的文字配以"花篮形""宝盆形""元宝形""财神形"等图案花

十二生肖门笺

纹。门笺既增添了除旧迎新的节日气氛，又表达了对新的一年幸福吉祥的愿望。门笺的主要题材有"普天同庆""万象更新""恭贺新禧""五福临门""连年有余""四季平安""福禄寿喜财"等吉祥文字。门笺采用红色，象征吉祥兴旺、丰收喜庆、四季平安。挂笺上的图案以谐音、象征、寓意的手法，表达了民众祈求年丰人寿、生活幸福的目的。

民间吉祥图案，是在中国古代农耕文明的基础上产生的，它充分反映了中国民众的人生观和幸福观，它从整体上表现了一个理想世界：君贤臣忠、天下

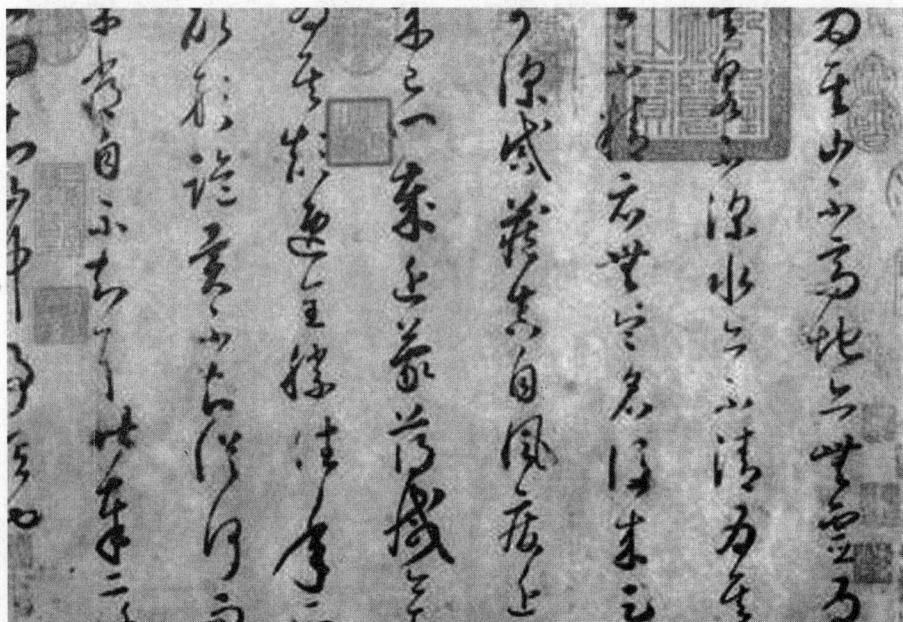

张旭书法

太平、国泰民安、物阜民丰、风调雨顺、种族繁衍、健康长寿、万事顺心……具体来说，主要是中国民众对于福、禄、寿、喜、财、平安(安居乐业、国泰民安、天下太平)等涉及现实人生幸福的理解、祈盼和想象。长寿康宁、安享天年的祈愿，多子多福、儿孙满堂的天伦之乐，科举高中、出人头地的仕宦之途……凡现世人生所有可能的美好愿望，吉祥图案都给与了淋漓尽致的欲望表达。

(四) 书法艺术与祥瑞文化

中国书法的艺术魅力举世闻名，无论是宏幅巨制还是精致小品，笔端流露出天马行空般的盘折屈曲，玉工琢玉般的点画精微，都是中国人的独创，更是世界艺术宝库中璀璨的明珠。

书法是中国人的性格体现，或可情意内敛、外示敦厚、以柔克刚；或可放浪形骸之外，真情挥洒、不拘点墨、敢恨敢爱。在书法创作方面，既有张旭、黄庭坚、傅山等性格外向的大草书艺术，也有虞世南、蔡襄等性格内敛的楷书艺术。这些人的作品以不同的性格从多个侧面、多角度地展示了中国书法的审美取向，外向者表现的是狂风暴雨、奔放开张，恰如"飒飒惊风泣鬼神"，与"白发三千丈，缘愁似个长""气蒸云梦泽，波撼岳阳城"的诗境契然相合；而内向者表现的则是雨夜疏窗、品茗饮酒，好似"山中无历日，寒尽不知年"，与"或取诸怀抱悟言一室之内"的文意暗合仿佛。书法同时也是人们情感的自然流露，无论是喜是悲，高标自许或是沉郁幽远，都能自出胸臆、淌出笔端。欣赏品味古往今来的大量名帖巨迹，无不为这些名家的情感之笔所感染、所震撼！如颜真卿的《大唐中兴颂》豪迈大气，《祭侄季明文稿》的悲情跌宕；苏东坡写《黄州寒食帖》时流露出的百感交集和困窘之情感；书圣王羲之挥洒的千古名帖《兰亭

王羲之手书《兰亭集序》

"寿"字书法

序》更是以超然出尘、洒脱不拘生死的豁达之情，弥漫于字里行间……

中国人写书法是以情寄书，以书出意，以意劝慰自己，充分达到了达情表意目的。艺术来源于生活而又高于生活，文字记载了历史，而书法又美化了文字，使人们的生活充满了情趣和快乐。古人有"喜则画兰，怒则画竹"之说，虽然是谈绘画，但与书法有异曲同工之妙。为人贺寿，送幅"寿"字，相信比送些俗物更有意义，新人百年好合送幅"喜"字，更能表达人们祝福的心情，文人书斋悬挂的一幅幅书法作品，不仅情景合理还能平添一股书卷之气，何乐而不为?书法是雅俗共赏的艺术品，从春节对联以及民间喜爱的"福、禄、寿、喜"等书法作品，都最直接地表达了人们的情感。

"福、禄、寿、喜"四字在书法艺术中的历史源远流长，在先秦及秦代文字中就有了它们的身影，这四个深受人们喜爱的吉祥字也随着历史的发展而不断变化完善。

1.先秦及秦代文字中的"福、禄、寿、喜"

从西安半坡出土陶器上的刻画符号，到商周时期的甲骨文、金文以及秦统一六国后颁行的小篆，我们可以清晰地看到文字的产生和发展历程，但这些刻画符号还称不上是真正意义上的文字，因而真正具备书法意义的文字要从甲骨文开始。

书法成为具有审美价值的作品，结构、点画是其重要的组成部分。甲骨文已经具备修饰与程式化书写的意义，只是由于现存的大量甲骨文都是用尖利的工具刻成，难以窥探当时书写的全貌。因此，甲骨文的书法更多地是追求那种刀刻的艺术效果。秦朝统一六国，"车同轨，书同文"。从秦代开始，出现了石刻的文字。这对书法艺术来讲，甲骨

"福"字瓦当

福禄寿喜吉祥观念在生活中的表现形式

"福"字

文、金文都因制作的程序过多，泯灭了许多"书写"的味道，而石刻的文字，书写之后直接刻就，极大地保留了书写的趣味。

这一时期"福、禄、寿、喜"在各种铭文中频繁出现。如《墙盘铭文》拓片及其中的"福"字，《王子午鼎铭文》及其中"福"字，《大盂鼎铭文》拓片及其中"福"字，《仲考父壶铭文》中的"福"字，《虢叔钟铭文》中的"福"字，《齐侯钟铭文》中的"福"字，《史项鼎铭文》中的"福"字，《迟父钟铭文》中的"福"字，《虢姜敦铭文》中的"福"字，《冀师盘铭文》中的"福"字，甲骨文中的"禄"字，《铜敦铭文》中的"禄"字，《颂鼎铭文》中的"禄"字，西周时期《钟上铭文》中的"禄"字，《伯顾文鼎铭文》中的"禄"字，西周晚期《戎生编钟铭文》中的"寿"字，《寿尊铭文》中的"寿"字，《古陶铭文》中的"寿"字，《陈侯鼎铭文》中的"寿"字，《颂鼎铭文》中的"寿"字，《和钟铭文》中的"寿"字，《颂敦铭文》中的"寿"字，《无专鼎铭文》中的"寿"字，《小克鼎铭文》中的"寿"字，《鲁伯大父敦铭文》中的"寿"字，《邓公子敦铭文》中的"寿"字，《姜敦铭文》中的"寿"字，《兵史鼎铭》文中的"寿"字，《西周井叔钟之铭文》中的"喜"字，《卫鼎铭文》中的"喜"

双喜字錾金扳指

字,《多父盘铭文》中的"喜"字,古陶上的"喜"字,古砖上的"喜"字,《联敦铭文》中的"喜"字,《叔丁宝林钟铭文》中的"喜"字,《商代铜钟铭文》中的"喜"字,西周《铜钟铭文》中的"喜"字,《宝林钟铭文》中的"喜"字,《青铜钟铭文》中的"喜"字等等,这些铭文中的"福、禄、寿、喜"文字表现了各种不同的风格特点。

2.两汉时期文字中的"福、禄、寿、喜"

两汉时期书法的特点是:飞动昂扬的质朴与华丽。汉代隶书的出现是划时代的大变革。但是,我们今天从学习书法的角度来看，最为人称道的还是汉代的隶书和章草。

章草兴起于秦末汉初，属于隶书的草写。早期的草书，又被称为隶草、章草、古草等，由于它字形独立、不相连绵、波磔分明、劲骨天纵，既飘逸洒落又蕴含朴厚的意趣，所以深得后世人们的喜爱。隶书始于秦代，成熟并通行至汉魏。西汉的隶书流传至今者，散见于铜器、石刻、砖瓦和竹木简。早期的隶书，大多书风古朴，此后为了适应美观的要求，化直笔为波挑，去质而从文。东汉的隶书承接了西汉以来的古朴之风，变化得愈加华丽多彩，存世的作品很多，风格迥异，流派纷

章草

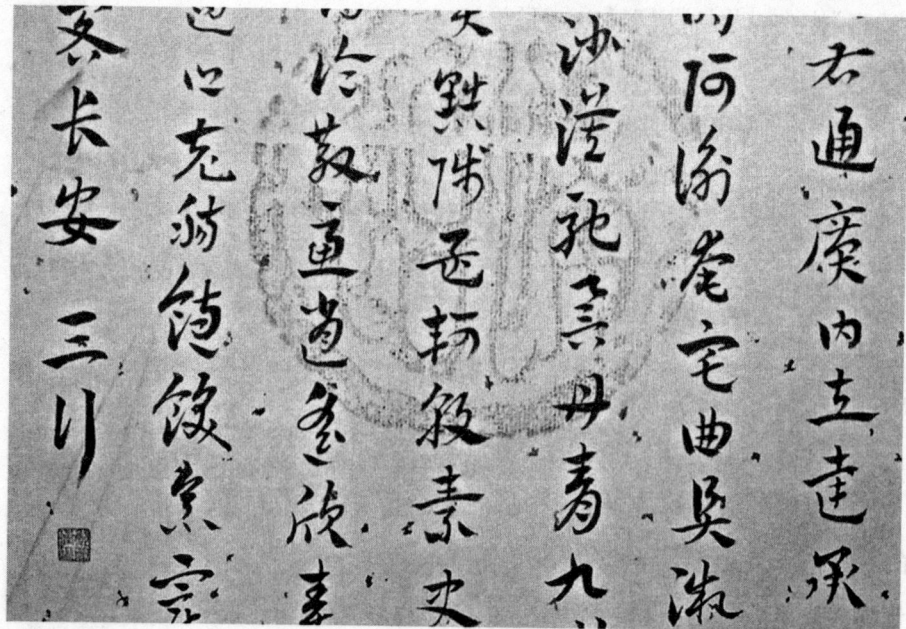

呈。其中较为著名的作品如史游《急就章》及其中的"福"字,汉《礼器碑》中的"寿"字,汉《曹全碑》中的"福""禄"字,马王堆帛书的"福"字,《西狭颂》中的"福"字,《汉成阳灵台碑》中的"福"字,《开母石阙》中的"福"字,《白石神君碑》中的"福"字,《景君碑》中的"福"字,汉《礼器碑》中的"福"字,汉《史晨前后碑》中的"福"字,汉《西岳华山庙碑》中的"福"字,汉《夏承碑》中的"禄"字,汉《朝侯小子碑》中的"禄"字,各式汉印中的"禄"字,各式汉印中的"寿"字,汉《封龙山碑》中的"寿"字,汉《娄寿碑》中的"寿"字,《史晨碑》中的"寿"字,汉《张寿碑》中的"寿"字,汉《尹宙碑》中的"寿"字,以及汉代瓦当中的各式"寿"字。

铜镜上出现文字远远晚于图案出现的时期,两汉时期铸镜上的文字内容最为丰富。汉代"与天相寿,与地相长,富贵如言,长毋相忘"铭铜镜中,汉铭文以镜钮为中心排成四方形,体现了西汉初期社会各阶层渴望安居乐业,追求生活安定、亲人团聚的思想,流露出思念亲人的愿望。汉代"长年益寿吉而祥"铭文铜镜中,铭文以镜钮为中心,环形单圈排列:"冶炼铅华清而明,以之为镜宜

《西狭颂》拓片

西汉连弧铭文铜镜

文章，长年益寿吉而祥，与天地乐而日月光。"体现了西汉晚期经"文景之治"后，国力昌盛、人民富足。同时人们赋予了普通鉴容的铜镜以更神秘、更深远的含义。人们将冶炼出的铅金属涂在铜镜表面，这样制出的铜镜不仅可使人文思敏捷，文采焕然，还可使人延长生命，避免灾难的发生，使我们向天地一样长久地生活下去。这只是两汉时期铜镜上有"寿"的两个代表，此时的"寿"字，已脱离了远古时期的原始含义，长久之意义又向前推进一步，赋予了长久的祝福。

3.三国、两晋、南北朝时期文字中的"福、禄、寿、喜"

两晋时代特别是东晋，在中国书法史上是一个不同寻常、惊天动地的时期。它的不同寻常在于以往都是以器物上镌刻的文字和石碑上的文字作为书法研究和书法欣赏的对象，而从这一时期开始，我们可以真正欣赏到木简以外的墨书文字了。两晋之后，书法在南北朝时期形成了双峰对峙的局面，一方面是石刻与翰札的区别，另一方面则是工匠层与文化层的区别。这种区别在书法演变的历史进程中，并不是截然对立的，既有相互影响浸润也有自身嬗变的可能。总体来说，

南朝的书法偏重于圆熟而不离传统，北朝则偏重于拙重生辣，体现了刀笔并重的趣味。

这一时期的"福、禄、寿、喜"频繁出现在各种流派书法家的作品中。如王羲之《兴福寺碑》中的"福"字，王羲之《集字圣教序》中的"福"字，王羲之《三希堂法帖》中的"福"字，王羲之《大观帖》中的"福"字，《刘均造像》中的"福"字，《晖福寺碑》中的"福"字，《孙秋生造像记》中的"福"字，王羲之《兰亭序》中的"禄"字，魏《刁遵墓志》中的"禄"字，王珣《伯远帖》中的"禄"字，魏《元怀墓志》中的"禄"字，《元略墓志》中的"禄"字，《高贞

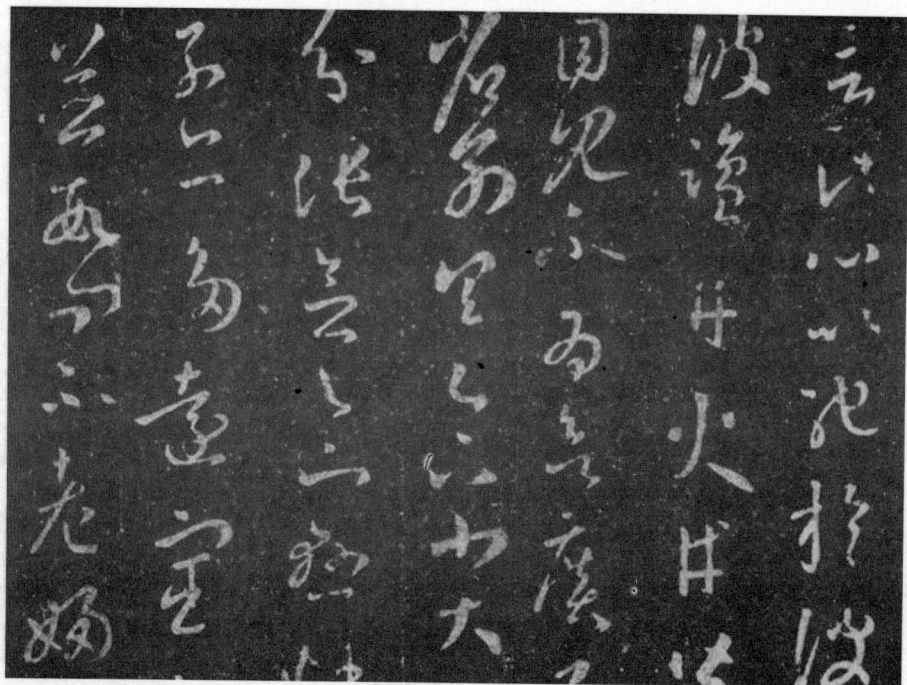

王羲之《十七帖》碑文

碑》中的"禄"字，《李璧墓志》中的"禄"字，《张玄墓志》中的"禄"字，王羲之《兴福寺碑》中的"禄"字，王羲之《淳化阁帖》中的"禄"字，陆机《平复帖》中的"寿"字，王羲之《兴福寺碑》中的"寿"字，王羲之《淳化阁帖》中的"寿"字，王羲之《澄清堂帖》中的"寿"字，晋代谢安书法作品中的"喜"字，北魏《张猛龙碑》中的"喜"字，王羲之《淳化阁帖》中的"喜"字，王羲之《十七帖》中的"喜"字。

4.隋唐时期文字中的"福、禄、寿、喜"

唐代的书法艺术，是中国书法史上最辉煌灿烂的一章，犹如它的姊妹艺术——诗歌一样，群星闪烁、人才辈出。唐代的书法可以简单地概括为楷书和草书。后世评论唐代书法其宗旨是"尚法"。对"法"的理解，似乎更应该从精神方面去认识，而不能拘泥于形式。纵观唐代楷书，各家有各家的风格、特点，随至颜、柳而终结，但对"法"的理解确是一以贯之的。唐代楷书与草书，一端庄一浪漫，一严谨一释放，就像唐代的建筑和诗歌，给人们带来了无尽的精神享受。

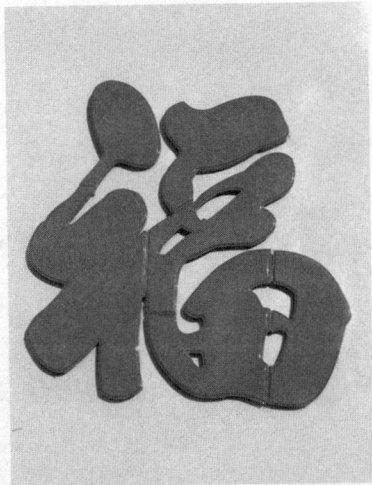

"福"含有"五福"之意，包括"寿、富、贵、安乐、子孙众多"

这一时期各式"福、禄、寿、喜"字的范例有：智永《真草千字文》及其中的"福"字，隋文帝杨坚《慧刚法师帖》中的"福"字，《龙藏寺碑》及其中的"福"字，唐高祖李渊《过午帖》中的"福"字，欧阳询《九成宫醴泉铭》拓片及其中的"福"字，欧阳询《化度寺碑》中的"福"字，欧阳询《行书千字文》中的"福"字，张旭《严仁墓志》中的"福"字，孙过庭《草字汇》中的"福"字，怀素书写的各式"福"字，颜真卿《多宝塔碑》中的"福"字，唐太宗《晋祠铭》中的"福"字，怀仁《集王书圣教序》及其中的"福"字，柳公权《金刚经》及其中的"福"字，颜真卿《祭侄季明文稿》及其中的"禄"字，欧阳询《千字

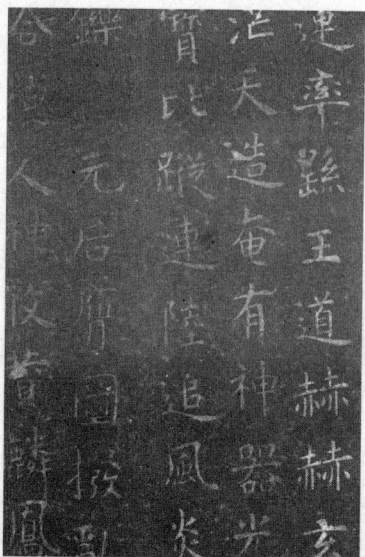
虞世南《孔子庙堂碑》碑文

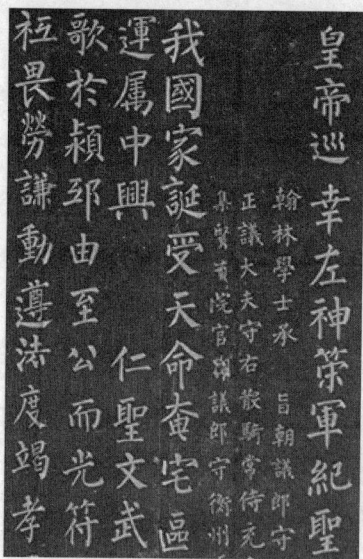
柳公权《神策军碑》碑文

文》中的"禄"字，颜真卿《郭虚己墓志铭》及其中的"禄"字，颜真卿《颜家庙碑》及其中的"禄"字，智永墨迹本真草《千字文》及其中的"禄"字，颜真卿《告身帖》中的"禄"字，欧阳询《张翰帖》及其中的"禄"字，孙过庭《书谱》及其中的"禄"字，虞世南《孔子庙堂碑》及其中的"禄"字，柳公权《神策军碑》及其中的"寿"字，颜真卿《东方朔画赞碑》及其中的"寿"字，柳公权《玄秘塔碑》及其中的"寿"字，褚遂良《孟法师碑》及其中的"寿"字，褚遂良《雁塔圣教序》及其中的"寿"字，欧阳询《化度寺碑》及其中的"喜"字，柳公权《玄秘塔碑》及其中的"喜"字，虞世南《孔子庙堂碑》及其中的"喜"字，欧阳询《化度寺碑》及其中的"喜"字，欧阳询《仲尼梦奠帖》及其中的"喜"字。

5. 两宋时期文字中的"福、禄、寿、喜"

此前唐代尚法的书法已经走到了极致，无论是法度森严的楷书还是浪漫挥洒的草书，即便是行书也难令宋人突破唐人的樊篱，因此这一时期的书法转向"尚意"，成就彰显个性的时代，在中国书法史上写下了浓墨重彩的一笔。此外，宋代的绘画的发展也促进了姊妹艺术的发展，尤其是文人画的兴起，更是为书法的发展起到了推波助澜的作用。

这一时期的各式"福、禄、寿、喜"字范例很多，如宋代赵构《千字文》及其中的"福"字，苏洵《三希堂法帖》中的"福"字，蔡京《三希堂法帖》中的"福"字，欧阳修《三希堂法帖》中的"福"字，蔡襄《茶录井序》中的"福"字，蔡襄《自书诗》中的"福"字，苏轼《早晚饮食帖》中的"福"字，苏轼《尺牍》中的"福"字，赵佶《草书千字文》及《瘦金书千字文》中的"福"字，赵佶《千字文》中的"禄"字，黄庭坚《三希堂法帖》中的"禄"字，蔡襄书法作品中的"寿"字，米芾《蜀素帖》中的"寿"字，苏轼《新岁展庆帖》中的"寿"

《三希堂法帖》碑文

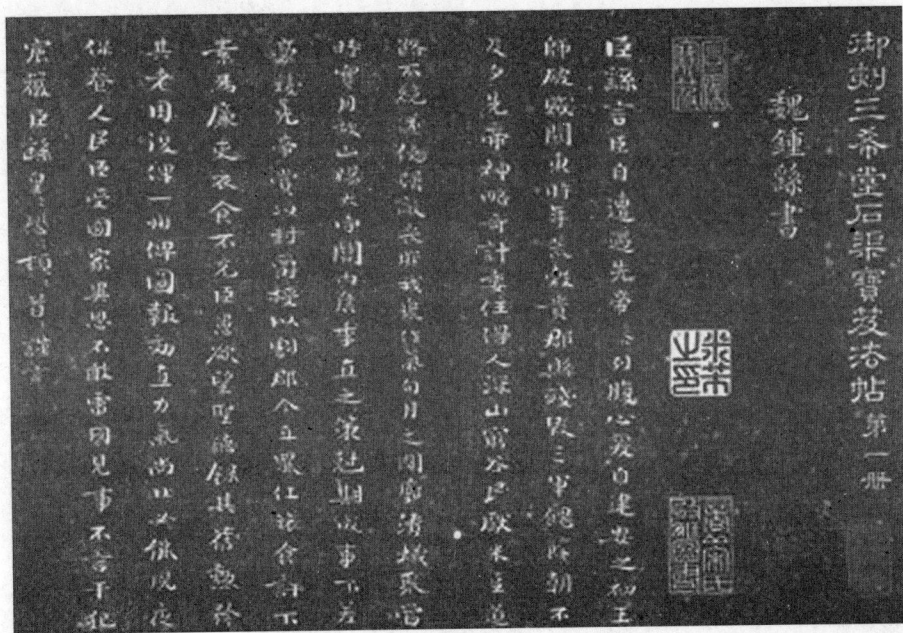

福禄寿喜吉祥观念在生活中的表现形式

117

字，苏轼《三希堂法帖》中的"寿"字，黄庭坚《三希堂法帖》中的"寿"字，岳飞《前后出师表》中的"寿"字，赵佶《宣和御书》中的"寿"字，黄庭坚《松风阁诗》中的"寿"字，张即之书法作品中的"喜"字，苏轼书法作品中的"喜"字，蔡襄《自书诗》中的"喜"字。

6.元代文字中的"福、禄、寿、喜"

元代书坛的复古思潮，基于宋代"尚意"书风的泛滥。因此赵孟頫提出"贵有古意"以及"盖结字因时而宜，用笔则千古不易"的正确主张，纠正了偏离传统的两宋余绪，对于匡正书法正统起了相当大的作用。在赵孟頫的诸多作品中都有

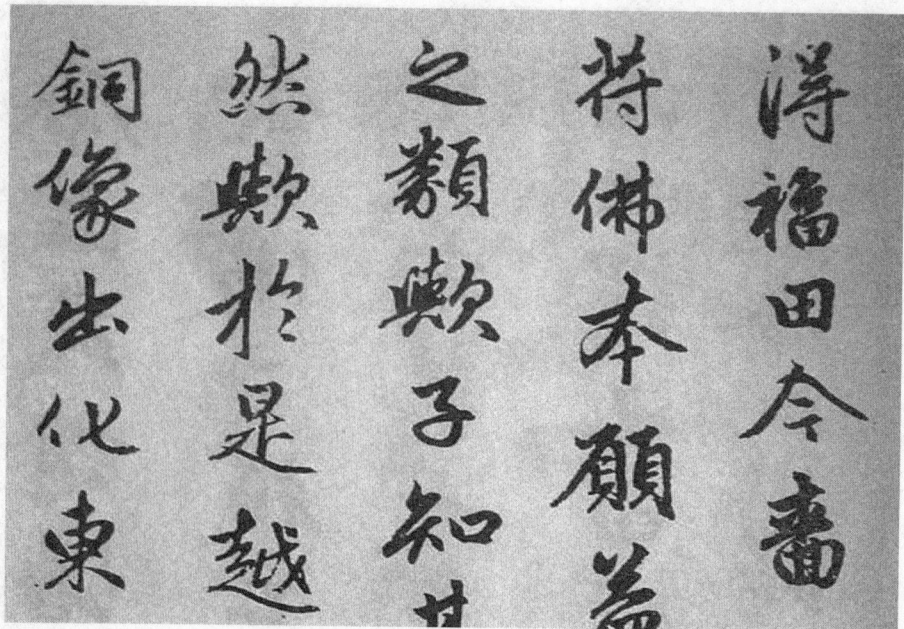

《光福重建塔记》

"福、禄、寿、喜"的身影。如《真草千字文》《福神观记》《六体千字文》《道教碑》《光福重建塔记》《妙严寺记》中的"福"字，《五体千字文》中的"禄"字，《道德经》《妙严寺记》《停云馆法帖》中的"寿"字，《停云馆法帖》《仇锷墓碑铭》及其中的"喜"字。

7.明清时期文字中的"福、禄、寿、喜"

明初的书坛继续着元代的复古运动，但中期以后，由于积重难返，一些有识之士开始对僵化的复古运动和刻板的"台阁体"提出批评与反思，甚至将过去取法魏晋的目光又转移到了宋代，重拾被复古运动否定的宋代革新派的书风。

清朝初期的文字狱造成政治环境的险恶和帖学的败坏，使得一些学者、书人在艰难的困境中，发现了碑版的价值，汉碑和唐碑逐渐成为取法的对象。清朝中期以后，人们在碑版中的探索逐渐扩大，魏晋南北朝的墓志造像也成为学书人学习的范本。咸丰、同治以后渐次演成波澜壮阔之势，是中国书法史上别辟路径的中性标志。这一时期较具代表性的作品有：明代王宠《自书诗》《长乐宫赋》中的"福"字，明成祖朱棣《御前

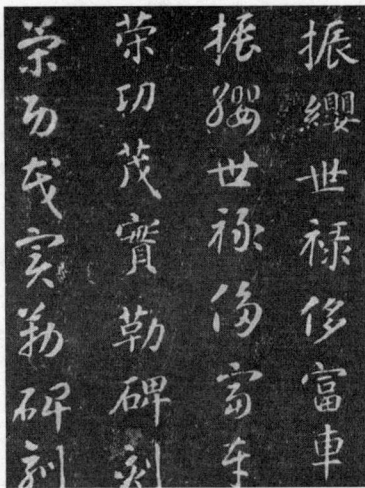

《真草千字文》拓片

毛延壽煬帝

華深院青春

堤紅日又西

水閑村落石

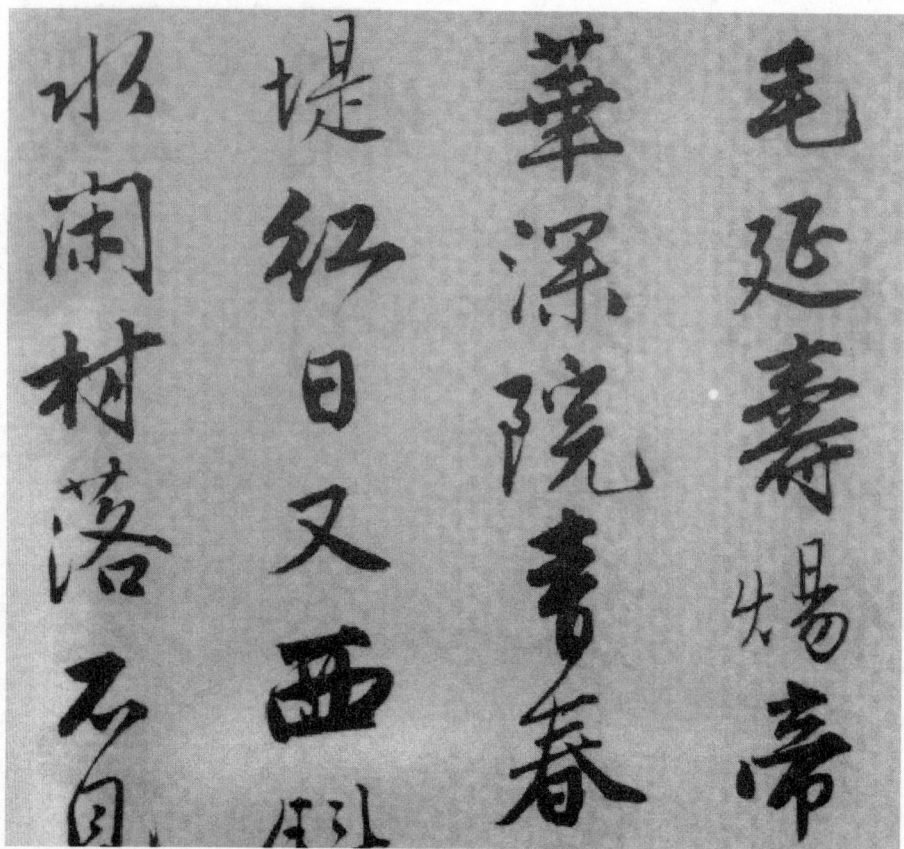

真宝名经序》中的"福"字,祝允明书法作品中的"福"字,陈淳《千字文》中的"福"字,董其昌《三世诰命》《三希堂法帖》中的"福"字,赵之谦书法作品中的"福"字,吴昌硕书法作品中的"福"字,董其昌书法作品中的"禄"字,何绍基书法作品中的"禄"字,傅山书法作品中的"禄"字,唐寅《落花诗册》中的"禄"字,左宗棠书法作品中的"喜"字,徐渭书法作品中的"喜"字。